Magdalene Furch

ICH FÜHL' MICH WOHL IN MEINER HAUT
Ein tragendes Selbstwertgefühl – die Grundlage für ein
zufriedenes Leben

W0034805

Magdalene Furch

Ich fühl' mich wohl in meiner Haut

Ein tragendes Selbstwertgefühl –
die Grundlage für ein zufriedenes Leben

Schulte & Gerth

© 1997 Verlag Klaus Gerth, Asslar
Best.-Nr. 815 491
ISBN 3-89437-491-8
1. Auflage 1997
Umschlaggestaltung: Ursula Stephan
Satz: Typostudio Rücker & Schmidt
Druck und Verarbeitung: Ebner Ulm
Printed in Germany

Inhalt

Einleitung

Das Thema „Selbstbewußtsein" ist sehr komplex und kann in einem so dünnen Taschenbuch nicht umfassend behandelt werden. Das merkt man schon an den verschiedenen Begriffen, die es in diesem Zusammenhang gibt und die alle miteinander zu tun haben: Selbstbewußtsein, Selbstwertgefühl, Selbstbestätigung, Selbstwahrnehmung, Selbstvertrauen. Dennoch werden Sie einen gewissen Einblick in das Thema erlangen, der es Ihnen hoffentlich ermöglicht, einmal ganz neu über Ihre eigene Situation nachzudenken.

Meine Erfahrung habe ich in der therapeutisch-seelsorgerlichen Begleitung von Menschen gesammelt, die mit Lebenskrisen, aber oft genug auch mit den normalen Schwierigkeiten, die das Leben so mit sich bringt, nicht fertig wurden und sich so schwer beeinträchtigt fühlten, daß sie eine Therapie machen mußten oder wollten oder beides. Fast alle diese leidenden Menschen sagten von sich, daß ihr Selbstbewußtsein zu schwach, zerstört oder falsch gegründet sei.

Ich werde so vorgehen, daß ich zunächst die verbreitetsten Mißverständnisse aufzeige, die sich rund um den

Begriff „gesundes Selbstbewußtsein" tummeln. Danach möchte ich Ihnen erläutern, welche positiven Einflüsse notwendig sind, damit bei einem Menschen während seiner Kindheit die Grundlagen für ein wirklich stabiles Selbstbewußtsein gelegt werden können. Schließlich werde ich versuchen zu verdeutlichen, was meiner Ansicht nach am wichtigsten für ein tragendes Selbstbewußtsein ist.

Ich wünsche Ihnen, daß dieses Buch für Sie zu einem Gewinn für Ihr Leben wird.

Ein tragendes Selbstbewußtsein

Selbstbewußtsein – was es nicht ist

Ich werde oft mit Verhaltensmustern konfrontiert, die mit einem gesunden Selbstwertgefühl nichts zu tun haben – aber dennoch so genannt werden.

Ein Beispiel hierfür ist eine Fernsehsendung zum Thema „Psychische Folgen von Abtreibungen bei den betroffenen Frauen", an der ich mitwirkte. Während der Sendung teilte mir eine Frau ziemlich forsch mit, daß die Frauen aus der ehemaligen DDR selbstbewußt seien und nicht so weichlich, daß sie nach einer Abtreibung psychische Probleme bekommen würden. Meiner Ansicht nach hat so etwas nichts mit Selbstbewußtsein zu tun, sondern mit Selbstbezogenheit oder Selbstgefälligkeit und vermutlich auch mit Verdrängung.

Diese Art der Einstellung gegenüber sich selbst wird auch noch durch Zeitungs- und Fernsehberichte unterstützt, in denen „selbstbewußte" junge Leute gezeigt werden, die machen, zu was sie Lust haben, reden, wann sie Lust haben, und die nicht mehr bereit sind, ihre Begabungen in den Dienst anderer zu stellen. Leben nach

Lust und Laune, so lautet die Devise. Auch das ist nicht mit echtem Selbstbewußtsein gemeint.

Oft hört man auch von „selbstbewußten" Männern, die rücksichtslos Karriere machen, ihre Partnerinnen wechseln wie die Hemden und sich nicht mehr auf eine Vaterrolle festlegen wollen (weshalb sie ihre Frauen dann überreden abzutreiben).

Auch das meine ich nicht, wenn ich von Selbstbewußtsein spreche. Einer solchen Haltung liegt eine maßlose Selbst*überschätzung* zugrunde und eine Art von Götzendienst, die die meisten Menschen gar nicht erkennen – nämlich Selbstvergötzung.

Selbstbewußtsein – was ich darunter verstehe

Damit Sie verstehen können, über was ich hier eigentlich schreibe, möchte ich Ihnen meine Definition von Selbstbewußtsein vorstellen.

Mit Selbstbewußtsein – das ihm entsprechende Gefühl heißt Selbstwertgefühl – meine ich das Bewußtsein dafür, daß ich ein einmaliger Mensch mit einer einzigartigen Kombination aus Stärken und Schwächen bin. Erst wenn ich mir diese Stärken und Schwächen bewußt gemacht und sie angenommen habe, und wenn ich bereit bin, meine Stärken für sinnvolle Ziele, wertvolle Aufgaben einzusetzen (also gerade nicht nur zu meinem eigenen Vorteil), habe ich meinen eigenen Wert erkannt und kann zu einem tragenden Selbstbewußtsein gelangen.

Das bewirkt dann auch, daß ich meine Schwächen vor mir selbst und anderen Menschen zugeben und Hilfe annehmen kann. Ich bin fest davon überzeugt, daß der Umgang mit den eigenen Schwächen und Fehlern viel mehr

10

über das Selbstbewußtsein eines Menschen aussagt als der mit den Stärken.

> Die Frage, die sich im Zusammenhang mit Selbstwertgefühl stellt, heißt ja: Was und wieviel bin ich wert, für andre Menschen und vor mir selbst?

Wenn wir also von viel und wenig, echtem und vorgetäuschtem Selbstbewußtsein oder Selbstwertgefühl sprechen wollen, müssen wir zunächst einen Maßstab finden, mit dem wir das Selbstwertgefühl messen können. Und da gibt es heute viele sogenannte Maßstäbe, von denen sich aber die wenigsten tatsächlich für die Beurteilung eines gesunden, tragenden Selbstbewußtseins eignen, weil sie von Moden abhängig sind!

Wertmaßstäbe

Lassen Sie uns ein paar dieser heute gängigen Maßstäbe kritisch anschauen. Dabei betrachten wir gleichzeitig die Werte, die diesem Maßstab zugrunde liegen.

Im Gespräch mit Eltern höre ich oft die Klage, daß heute ein junger Mensch in der Schule und oft sogar schon im Kindergarten danach beurteilt wird, was er für Kleidung trägt. Die Werbung macht sich diesen „Wertmaßstab" natürlich zunutze. Sie führt uns immer wieder vor Augen, daß wir erst wertvoll, anerkannt und „in" sind, wenn wir diese Hosen oder jene Turnschuhe tragen. So entsteht ein ungeheurer Konsumdruck.

Ich glaube, jeder kennt das aus seiner eigenen Entwicklung. Auch ich habe früher oft darunter gelitten, daß ich etwas nicht haben konnte, was gerade hochmodern war. Meine sehr lebenskluge Großmutter tröstete mich

11

dann immer: „Kind, je weniger einer in sich hat, desto mehr muß er an sich hängen."

Das heißt doch, daß es gerade ein Zeichen für einen *Mangel* an wirklichem Selbstbewußtsein ist, wenn man jede Mode mitmachen muß.

Daß junge Menschen, die ja erst noch ihre persönlichen Wertmaßstäbe entwickeln müssen, auf so wackelige Krücken hereinfallen, ist verständlich. Aber häufig wird diese Unsicherheitsstufe nicht überwunden, und auch erwachsene Menschen sind noch total von Äußerlichkeiten abhängig und verschulden sich hoffnungslos, weil sie beispielsweise ein großes Auto haben müssen, um daraus ihr Selbstwertgefühl ableiten zu können.

Besitz ist eine Scheinquelle, die viele Menschen irrtümlich zum Aufbau ihres Selbstbewußtseins anzapfen. „Hast du was, dann bist du was", sagt der Volksmund.

Wenn das so wäre, dann würde auch der Umkehrsatz gelten: „Hast du nichts, dann bist du nichts." Und das ist natürlich Unsinn. Daran sehen Sie, wie brüchig Besitz als Basis für Selbstbewußtsein ist. Entscheidend ist doch die Frage: „Wer bin ich ohne alle diese Statussymbole? Wer bin ich vor mir selbst und für die Menschen, die mir nahestehen?"

Eine Frau, mit der ich in meiner Jugend dick befreundet war und die später nach Australien auswanderte, hatte sich viele Jahre nicht gemeldet. Ich habe mich oft gefragt, was diese Freundschaft wert war, wenn sie mich so schnell vergessen hat.

Als sie dann vor kurzem überraschend bei mir anrief und sich für einen baldigen Besuch ankündigte, war zunächst meine Freude groß. Aber beim ersten Gespräch erfuhr ich recht schnell, wovon sie inzwischen ihr Selbstbewußtsein und auch den Wert anderer Menschen abhängig macht:

12

Als der Mann, mit dem sie nach Australien gegangen war, ihr doch weniger bieten konnte, als sie sich erhofft hatte, suchte sie sich schnell einen reicheren Mann. Den hatte sie gerade verlassen, weil sein Vermögen bedroht war. „Ich muß jetzt für mich noch retten, was zu retten ist. Wie steh' ich denn sonst da? Ohne meinen gewohnten Lebensstandard kann ich nicht leben."

Sie war nach Deutschland gekommen, um das Geld hier anzulegen, das sie beiseite geschafft hatte, bevor sie die Scheidung einreichte. Geld war auch der Hauptinhalt ihrer Erzählungen, und sie hatte einen Stapel Bilder von einem prachtvollen Haus dabei, die sie stolz zeigte. Erst durch Zufall – auf einem Bild war ein junges Mädchen zu sehen – erfuhr ich, daß sie aus dieser Ehe eine Tochter hatte. Die war irgendwo in einem teuren Internat; um sie kümmerten sich andere Menschen. Meine ehemalige Freundin schien mit ihr wenig zu verbinden. Sie brauchte vor allem Geld, um „wer" zu sein.

An dieser Stelle möchte ich betonen, daß ich hiermit nicht zu einem besitzverachtenden Asketentum aufrufen will. Ich finde es ganz in Ordnung, wenn man stolz auf das ist, was man sich mit seinem Fleiß erworben hat, sei es nun ein schmuckes Eigenheim oder ein Wochenendgrundstück. Ich möchte nur davor warnen, sein Selbstwertgefühl darauf zu gründen; denn irgendwann sind diese materiellen Dinge vielleicht nicht mehr da, und was dann?

Dann gibt es da die Wertmaßstäbe, die sich auf Einzeleigenschaften beziehen. Frauen neigen dazu, ihre äußere Attraktivität zum Wertmaßstab zu machen. Auch da macht die Werbung leider sehr unrealistische Vorgaben, von denen sich viele Frauen beeinflussen, ja geradezu knechten lassen und verzweifelt einer maskenhaften

13

Schönheit nachjagen. Wenn die ersten Falten kommen, ist das Selbstbewußtsein bedroht. Kosmetika, ja Operationen sollen Abhilfe schaffen. Doch das Altern läßt sich nicht verhindern.

Schon in einem alten Volksmärchen – „Schneewittchen" – können wir ein Beispiel für eine Person mit einem solchen instabilen Selbstwertgefühl finden: die böse Königin. Sie kann es einfach nicht ertragen, daß ihre Tochter jünger und schöner ist als sie. Der Spiegel, den sie um ein Urteil befragt, sagt ihr ins Gesicht: „Du bist die Schönste hier, *aber* ..."

Dieses „*aber*" bringt sie so aus der Bahn, daß sie schließlich zur Mörderin wird.

Verstehen Sie mich bitte richtig, ich meine nicht, daß Frauen sich vernachlässigen und keinen Spaß mehr an Friseurbesuchen und Einkaufsbummeln haben sollten. Doch ich möchte betonen, daß gerade den Frauen bewußt sein muß, daß äußerliche Attraktivität kein Wert ist, der auf Dauer Bestand hat und damit das Fundament für ein gesundes Selbstbewußtsein sein kann.

Es mag sein, daß Männer eher dazu neigen, ihr Selbstbewußtsein einseitig auf äußeren Erfolg zu gründen, zum Beispiel die berufliche Karriere. Aber Frauen ist ein solches Verhalten auch nicht fremd. Insbesondere die Emanzipationsbewegung, die den Wert einer Frau ja daran mißt, ob sie genau das kann, darf, hat, was Männer können, dürfen, haben, hat viele Frauen dazu verführt, ihren Selbstwert darin zu suchen, mit Männern zu konkurrieren und verbissen darum zu kämpfen, typisch „männliche" Berufe zu erobern.

Eine Politikerin hat einmal zu mir gesagt: „Daß ich meinen männlichen Konkurrenten in meinem Wahlkreis besiegt habe, hat meinem Selbstbewußtsein einen tollen Kick gegeben."

14

Es ging ihr nicht darum, die Wähler von sinnvollen politischen Zielen zu überzeugen, sondern darum, den *Mann* auszustechen! Noch deutlicher wurde dieses Dilemma, als sie stolz hinzufügte, daß ihr das den Einsatz ihres ersparten Geldes für den Wahlkampf wert gewesen sei. Inzwischen hat sie ihr Bundestagsmandat wieder verloren.

In diesen Zusammenhang gehört auch der Wert einzelner Begabungen, die ein Mensch hat: Musikalität, Witz, Sportlichkeit ... Da dies alles „vergängliche" Dinge sind, also von Verlust bedroht, sind auch sie nicht geeignet, allein darauf unser Selbstbewußtsein zu bauen, obwohl sie immerhin „in uns" sind und nicht nur – wie die bisher betrachteten – an uns.

Der Verlust einer schönen Stimme, das Nachlassen der Körperkräfte und damit auch der sportlichen Erfolge, stellt das ganze Dasein eines Menschen zutiefst in Frage, wenn sein Selbstwertgefühl auf diesen Fähigkeiten aufgebaut war.

Ich habe in der letzten Zeit zwei junge Spitzensportlerinnen durch eine tiefe Selbstwertkrise begleitet, in die sie geraten waren, als ihre mühsam aufgebaute sportliche Karriere durch Verletzungen beendet wurde: „Für alle war ich immer nur die Hessenmeisterin. Ich fühle mich jetzt völlig wertlos", klagte eine von ihnen.

Ähnlich drückte sich eine junge Frau aus, die es endlich geschafft hatte, ihre Prüfung als Pianistin an einer Musikhochschule abzulegen. „Alles" hatte sie dafür gegeben – und nun bekam sie eine chronische Sehnenscheidenentzündung an der rechten Hand. Ihr Selbstwertgefühl war dahin. Dabei hatte gerade sie sich für so selbstbewußt gehalten und war auch von anderen so gesehen worden, weil sie sich diese Karriere gegen ihre Familie erkämpft hatte. Aber bei diesem Kampf, bei dem sie „alles auf *ein* Pferd" gesetzt hatte, war für nichts anderes mehr Platz gewesen. Sie war „einsame Spitze" geworden.

Diese drei jungen Frauen erkannten aber auch die Chance in dieser Selbstwertkrise und beschäftigten sich genau mit der oben angeschnittenen Frage: „Wovon leite ich meinen Wert her?"

Sicher haben diese Beispiele nicht alle wackeligen und vergänglichen Werte aufgezeigt, die uns so angeboten werden, um unser Selbstbewußtsein darauf aufzubauen. Aber ich denke, sie genügen als Anregung zu eigenen Überlegungen, wie es um Ihr persönliches Selbstbewußtsein steht.

> Wovon haben Sie Ihr Selbstwertgefühl bisher abgeleitet? Haben Sie auch auf vergängliche Dinge gesetzt?

Ich nenne dieses Selbstbewußtsein, das sich auf vergängliche Werte stützt, „geliehenes Selbstbewußtsein". Auf meinem Schreibtisch in der Klinik steht ein schwerer hölzerner Elefant, ein Souvenir aus Afrika. Diesen Elefanten nehme ich oft als Anschauungsmaterial für meine Patienten, indem ich ihn ihnen als einen standfesten Burschen beschreibe, der fest auf seinen vier Beinen steht und dessen Schwerpunkt sich in seiner Mitte befindet. Ich weise darauf hin, daß man ihn ruhig mal anschubsen kann und er dennoch nicht umfällt. Wenn er seinen Schwerpunkt nicht in sich selbst, in seiner Mitte hätte, sondern irgendwo außerhalb, so würde er unweigerlich hin- und herwackeln und umkippen.

Ich übertrage dann dieses Beispiel vom Elefanten auf uns Menschen und unser Selbstbewußtsein. Denn wenn wir nicht in uns selbst ruhen, sondern von äußeren Stüt-

16

zen abhängig sind, dann geraten auch wir unweigerlich ins Wanken, wenn man uns diese Krücken entzieht.

Anhand dieses Beispiels können dann meine Patienten über ihr eigenes Wertesystem nachdenken und überlegen, ob sie sich nicht zu sehr von ihrem äußeren Wert abhängig machen und ob das nicht wiederum die Ursache für ihre häufigen Stimmungsschwankungen ist.

Diesem geliehenen Selbstbewußtsein möchte ich ein *gewachsenes* Selbstbewußtsein gegenüberstellen. Die Jüngeren unter Ihnen können vielleicht aus dem nun Folgenden einige Anregungen für die Erziehung ihrer Kinder zu einem tragenden Selbstbewußtsein bekommen.

Aber auch den Älteren sei gesagt, daß alles, was über Kindererziehung gesagt wird, im Grunde auch für die Selbsterziehung gilt, bei der es sich um eine lebenslängliche Aufgabe handelt. Selbstbewußtsein *hat* man nicht einfach, sondern es will *erworben* werden. Und dabei können und müssen Eltern ihren Kindern durch die Erziehung helfen, ebenso wie Partner und Freunde sich gegenseitig durch konstruktive Kritik helfen können.

Erziehung zu einem tragenden Selbstbewußtsein

Das Säuglingsalter

Stellen wir uns zunächst mal ein kleines Baby vor, das zum Zeitpunkt seiner Geburt noch völlig ohne Schutzschild für seine Seele ist. Alles, was an ein solches Kind von außen herangetragen wird, erlebt es auf sich bezogen, also vollkommen subjektiv. Es kann noch nicht differenzieren oder analysieren. Gleichzeitig sind alle diese Einflüsse wiederum die Quelle für die Grundlagen seines Selbstbewußtseins.

Ein Kind, das über seinem Bettchen lächelnde Gesichter sieht und den stolzen Blick der Eltern auf sich spürt, bekommt einen positiven Eindruck von sich selbst, wenn es das vielleicht auch nicht ganz bewußt wahrnimmt. Es bekommt die Botschaft vermittelt, daß sein schlichtes Dasein ein Grund zur Freude ist, daß es geschätzt wird.

Ich erlebe diese Situation zur Zeit ganz neu, weil ich mittlerweile zwei Enkelkinder habe. Sie sind mein großes Glück. Wenn ich beide ansehe und mit ihnen spreche, bekommen sie hoffentlich genau diese Wertschätzung zu spüren.

Wertschätzung von Seiten der Eltern und dem Rest der Familie ist die erste wichtige Nahrung für das Selbstbewußtsein eines Menschen.

Zum Beispiel kann ein Kind noch nicht klar erkennen, daß es sich bei Äußerungen über seine Person um die subjektive und nicht unbedingt richtige Meinung eines anderen handelt. Es versteht ironische Bemerkungen nicht, und wenn die Menschen um es herum nicht miteinander auskommen, kann es noch nicht unterscheiden, ob der Streit etwas mit ihm zu tun hat oder nicht. Viele Scheidungskinder haben ja beispielsweise das Gefühl, daß sie irgendwie Schuld am Zerwürfnis ihrer Eltern hätten.

Alle äußeren Eindrücke nimmt ein Kind ungefiltert auf, weil seine Seele noch ganz offen daliegt. Aus diesem Grund ist es so wichtig, daß Säuglinge und auch Kleinkinder besonders behütet werden. Mir tut es immer leid, wenn ich sehe, wie kleine Kinder überallhin mitgeschleppt und häufig Lärm, lauter Musik oder sonstiger Sinnesüberreizung ausgesetzt werden. Diese Eindrücke überfluten das Kind und richten in seiner Seele Schaden an.

Meiner Meinung nach ist es nach wie vor wichtig, daß Eltern von Säuglingen in diesem frühen Entwicklungsstadium eher einmal auf etwas verzichten, damit ihre Kinder nicht überfordert werden. Das gilt ganz besonders für die ersten sechs bis zehn Lebenswochen.

Diese Zeit der extremen Einschränkung auf Seiten der Eltern ist etwa dann vorbei, wenn ein Kind im Alter von sechs bis zehn Wochen bewußt lächelt. Mit diesem ersten Lächeln zeigt es, daß es bereits – wenn auch in einem sehr geringen Maße – außen und innen unterscheiden kann. Es kann ein Gegenüber außerhalb seiner selbst erkennen. Das bedeutet einen kleinen Schutz für die empfindliche Kinderseele, der jedoch noch sehr zart ist, weshalb man auch zu diesem Zeitpunkt ein Kind noch nicht *allen* Außeneinflüssen aussetzen sollte.

Natürlich kann man nicht verhindern, daß ein Kind bei aller Umsicht negative Eindrücke und Stimmungen mitbekommt. So ist es etwa bekannt, daß Menschen, die in eine von Traurigkeit geprägte Situation hineingeboren werden, zum Beispiel in Kriegszeiten, insgesamt eine traurigere Grundstimmung haben als Menschen, die in eine glückliche Zeit hineingeboren sind. Wenn Sie bedenken, was ich im vorangegangenen Absatz über die frühkindliche Prägung geschrieben habe, ist das auch kein Wunder.

In solchen Notsituationen wird ein Kind immer wieder mit traurigen Gesichtern konfrontiert. Da es noch nicht differenziert denkt, muß es unweigerlich den Eindruck bekommen, daß es selbst der Grund für diese Traurigkeit bei seinen Betrachtern ist.

Menschen, die solche frühkindlichen Erfahrungen gemacht haben, haben deshalb häufig ein sehr wackeliges Selbstbewußtsein. Deshalb sind sie oftmals auch eher darauf angewiesen, mit allen Leuten um sich herum gut auszukommen und es jedem recht zu machen.

Doch in welche Zeit man hineingeboren wird, kann man sich leider nicht aussuchen, und auch die Eltern tragen keine Schuld daran, wenn Leid über die Familie hereinbricht. Das ist Schicksal. Aber das heißt nicht, daß man nun lebenslänglich an den negativen Folgen solcher Erlebnisse tragen muß!

Aus diesem Grund ist nun besonders wichtig, was ich zuvor über die Selbsterziehung geschrieben habe.

21

Ist man durch traurige Lebensumstände in seinem Selbstwertgefühl sehr wankend, dann braucht man nicht zu verzagen, denn man kann daran arbeiten. Ein schwaches Selbstbewußtsein ist nicht wie ein lebenslängliches Urteil, das das Schicksal über einen gefällt hat!

Viele Leute haben in dieser Hinsicht die Psychoanalyse völlig falsch verstanden, indem sie aus diesen Zusammenhängen eine Art Gesetz entwickelt haben. Sie sind der Meinung, daß sie für immer in einem bestimmten Verhaltensmuster gefangen sind und lebenslänglich Wiedergutmachungsansprüche oder Minderwertigkeitsgefühle haben müßten, nur weil sie früher einmal zu kurz gekommen sind.

Das ist nicht richtig. Eine solche Einstellung ist zwar oft bequem, aber sie beinhaltet auch die Weigerung, selbst etwas für die Stärkung des Selbstbewußtseins zu tun. Dazu später mehr.

Was verstehen wir unter Liebe?

Wenn ich hier über Liebe schreibe, muß ich zunächst wieder definieren, was ich darunter verstehe, denn da gibt es ja die unterschiedlichsten Meinungen. Mir geht es nicht um eine unreife Art der Liebe, mit der man beispielsweise ein Kind vergöttert, sondern ich meine eine Liebe, die zwar einerseits das Kind bedingungslos annimmt, aber andererseits auch fähig ist, ihm Grenzen zu setzen und es zu erziehen.

In der Bibel steht im Brief an die Hebräer: „Wen Gott liebt, den erzieht er." Und ich bin der Ansicht, daß wir

22

diesen Vers auch auf unser Verhalten als Eltern übertragen sollten. Denn nur durch Erziehung, die in der tiefen Liebe zu dem einzelnen Kind begründet ist und ein Ziel für das Kind im Auge hat, wird es auf das Leben vorbereitet.

Eltern, die selbst wenig Selbstbewußtsein haben, sind meistens nur zu einer unreifen Art der Liebe fähig, die dadurch gekennzeichnet ist, daß sie sich um jeden Preis bei ihrem Kind beliebt machen wollen. Solche Eltern können es zum Beispiel nicht ertragen, wenn das eigene Kind einmal sagt, daß die Mutter von einem seiner Freunde viel netter sei als sie, weil sie dies und jenes gewährt.

Ich habe solche Bemerkungen auch häufig von meinen Kindern hören müssen und habe dann immer gesagt: „Du hast recht. Dein Freund hat eine ganz liebe Mutter, und ich bin anders lieb."

Auf eine solche Antwort waren sie nicht vorbereitet und dementsprechend erst ein bißchen ratlos, was sie damit anfangen sollten. Aber irgendwann hat diese Art von Antwort Früchte getragen, und sie haben verstanden, daß es nicht unbedingt besonders „lieb" ist, alles zu erlauben.

Eine grundsätzlich liebevolle Einstellung zum Kind ist wichtig, in der zum Ausdruck kommt, daß das Kind bedingungslos angenommen ist, in der aber auch durchaus mal Tadel Platz hat. Sonst kann das Kind ja nur lernen, daß *alles*, was es tut, in Ordnung ist – und nicht, daß es auch mal Fehler macht. Eine solche Nicht-Erziehung ist aus meiner Sicht lieblos, weil man das Kind so nicht auf das wahre Leben vorbereitet. Ein Kind muß lernen, daß es *be*urteilt, aber nicht *ver*urteilt wird.

Wahre Liebe nimmt dem Kind auch nicht alles Unangenehme ab, sondern beinhaltet Ermunterung zu etwas, vor dem das Kind Angst hat. Nimmt man ihm dagegen jede Sache ab, vor der es sich fürchtet, läßt man dem Kind ja gar keine Chance, Selbstvertrauen zu entwickeln. Statt dessen wird ihm zweierlei beigebracht, was einem gesunden Selbstbewußtsein vollkommen abträglich ist:

1. *„Meine Eltern bestätigen mich darin, daß ich etwas nicht kann."* Wenn sich derartige „negative Bestätigungen" ansammeln, wird die Entwicklung eines tragenden Selbstbewußtseins extrem erschwert, ja verhindert.

2. *„Die anderen können offenbar mehr als ich."* Dieser Eindruck entsteht daraus, daß andere Leute es schließlich schaffen, angstmachende Situationen zu bewältigen. Das senkt wiederum das Selbstwertgefühl.

Diese Denkmechanismen kann ein Kind natürlich nicht erkennen; das gelingt nicht einmal so manchen Erwachsenen. Oberflächlich betrachtet helfen die Eltern dem Kind ja auch. Es ist natürlich bequem, sich vor unangenehmen Dingen zu drücken, und man bekommt auf diese Weise auch noch Zuwendung.

Allerdings ähnelt diese Zuwendung der, die einem Behinderten zuteil werden muß, der manche Dinge nicht tun kann, eben weil er zum Beispiel in seiner Bewegungsfreiheit behindert ist. Ein gesunder kleiner (oder großer) Mensch wird also auf diese Weise zum Behinderten gemacht, weil er in seiner Weiterentwicklung behindert wird.

Das Trotzalter

Eine ganz wesentliche Zeit für die Bildung des Selbstbewußtseins ist das Trotzalter. Sie wissen sicher alle, daß ein Kind in diesem Alter zum erstenmal „Ich" sagt. Es bekommt ein Bewußtsein dafür, daß es *es selbst* ist, in Abgrenzung von den anderen Menschen um es herum.

Bis zu diesem Zeitpunkt bezeichnen Kinder sich selbst so, wie sie es von ihrer Familie gehört haben: „Fritzchen will auch." Doch mit einem Mal ändert sich das, und ein Kind sagt „Ich", in der Regel begleitet von einem entschlossenen „Nein!" und/oder dem Aufstampfen eines Fußes.

Dieses erste Nein sollten Eltern nicht zu unterbinden versuchen, denn es ist sehr wichtig für das Kind. Die erste Abgrenzung der eigenen Person gegenüber den anderen besteht zunächst einmal im Neinsagen. Erst allmählich lernt das Kind „reifere" Abgrenzungen, die auch ein „Ja" beinhalten.

In früheren Zeiten haben viele Eltern leider versucht, diesen Trotz zu brechen. Erziehung wurde mit Züchtigung gleichgesetzt. Das drückte sich dann in Sprüchen aus wie: „Was ein Häkchen werden will, das krümmt man beizeiten."

Mit einer solchen Einstellung haben Eltern sicher vieles falsch gemacht, indem sie die zarte Pflanze des Selbstbewußtseins ihrer Kinder zertrampelt haben. Vor nicht allzulanger Zeit hatte ich einen längst erwachsenen Patienten, dem es immer noch im Ohr hallt, wie sein Vater früher immer verächtlich zu ihm sagte: „Kindermeinung ist Dreck wert."

Wie soll ein solches Kind fähig werden, sich seine eigene Meinung zu bilden und zu dieser dann auch zu stehen?

Ich glaube auch nicht, daß Kindermeinung ausschließlich Gold wert ist. Nicht alles, was ein Kind sagt, muß bestaunt und toleriert werden, sondern manche Dinge muß es sich auch abgewöhnen. Doch ernstgenommen werden will und muß der kleine Mensch in jedem Fall, damit er mit dem Gefühl heranwächst, daß seine Äußerungen, seine Meinung und seine Person als Ganzes etwas *wert* sind.

Als eine Art Gegenbewegung zu dieser extrem unterdrückenden Haltung hat sich leider die sogenannte „antiautoritäre Erziehung" entwickelt, von der wir heute wissen, daß sie noch schlimmere Folgen beim Kind hinterläßt als die zu autoritäre Erziehung.

Viel zuviele Erwachsene haben nach dem Motto: „Mein Kind soll es besser haben" völlig unkritisch jede Erziehung unterlassen, weil sie selbst die schmerzliche Erfahrung einer intolerant-autoritären Erziehung gemacht haben. Dadurch haben die betroffenen Kinder nur gelernt, Diener ihrer eigenen Willkür zu sein und Fähigkeiten wie Selbstbeherrschung oder Geduld nie erworben.

Doch wer nicht gelernt hat, sich selbst zu beherrschen, kann sich auch selbst nicht achten.

Heute haben wir viele junge Patienten, die noch nie Grund hatten, auf sich selbst stolz zu sein. Statt dessen hatten sie nur gelernt, zu fordern und sich zu beschweren. Aber tief in ihrem Inneren ahnen sie, daß ein solches Verhalten eigentlich unter ihrer Würde und gegen ihre Selbstachtung ist.

Selbstachtung jedoch ist ein ganz wichtiger Anteil des Selbstbewußtseins. Viele der jungen Leute, die in meinen Sprechstunden sitzen, weil sie nicht wissen, ob sie etwas

26

wert sind, sind zudem auch noch mit Süchten belastet, weil sie geglaubt haben, so ihre Unzufriedenheit übertönen zu können. Wenn ich sie dann während unserer Gespräche frage, was ihrer Meinung nach die Ursache ihrer Unsicherheit sei, dann sagen sie fast ausnahmslos im Brustton der Überzeugung: „Ich bin einfach zu wenig gelobt worden."

Ich versuche dann gemeinsam mit den Patienten, in ihrer Lebensgeschichte eine Leistung zu finden, für die sie ein vernünftiger Mensch hätte loben können. Doch meist werden wir nicht fündig. Das Resultat ist dann zunächst mal völlige Ratlosigkeit. Bisher haben diese Menschen nur billige Lobhudelei kennengelernt, die sie nie satt gemacht hat, nach der sie aber süchtig sind.

Doch ich lasse sie dann nicht in ihrer Ratlosigkeit sitzen, sondern erkläre ihnen folgenden Zusammenhang: „Stellen Sie sich vor, die Erledigung einer bestimmten Aufgabe fällt Ihnen besonders schwer oder Sie haben überhaupt keine Lust dazu. Doch Sie versuchen es trotzdem und fangen mit einem kleinen Schritt an. Danach zwingen Sie sich dazu, durchzuhalten und nicht alles Unangenehme gleich hinzuschmeißen – und schon haben Sie ein Erfolgserlebnis, auch wenn es nur ein Teilerfolg ist. Der größte Erfolg aber, der sich aus dieser Standhaftigkeit einstellt, ist eine Stärkung Ihres Selbstbewußtseins. Sie haben etwas geschafft, auf das Sie stolz sein können. Nur auf diesem Wege geht es; einen leichteren kann ich Ihnen nicht anbieten."

Manche Patienten erkennen dann recht schnell, daß ihnen einfach die Herausforderung zu sinnvollem Verhalten und guten Leistungen gefehlt hat, aus denen dann echtes Lob und echte Zufriedenheit erwächst – und damit Selbstvertrauen und Selbstbewußtsein.

Im Trotzalter soll ein Kind also lernen, seinen Willen zu erkennen, einzusetzen und seine Belange in angemessener Form zu vertreten, gleichzeitig aber auch auf andere Rücksicht zu nehmen. Es lernt, daß seine Meinung wichtig ist, daß sie aber nicht das Zentrum der Welt ist.

Schicksal Einzelkind

Die Ideologie der antiautoritären Erziehung wirkt sich besonders verheerend aus, weil heute nur noch wenige Kinder die Chance haben, in einer großen Geschwisterschar aufzuwachsen.

Ein Kind mit (mehreren) Geschwistern lernt sozusagen spielend und ohne besonderen Erziehungsaufwand so wichtige Dinge wie Teilen, Warten, die Fähigkeit, sich einzuordnen und Durchsetzungsvermögen. Jüngere Kinder schauen sich von den älteren vieles ab, die Älteren müssen Rücksicht auf die Jüngeren nehmen, ihnen Dinge erklären und zeigen.

So lernt ein Kind von vorneherein verschiedene Meinungen, Bedürfnisse und Lebensstile kennen und gerät deshalb nicht so sehr in die Gefahr, egozentriert und egoistisch zu werden. Das ist für ein gesundes Selbstbewußtsein sehr, sehr wichtig.

Einzelkinder stehen natürlich im Mittelpunkt des elterlichen Interesses. Die Zuwendung, aber auch die Erwartungen der Eltern konzentrieren sich auf dieses einzige Kind. Die Folge ist oft Egozentriertheit. Das Kind erlebt und erfährt: „Ich stehe im Mittelpunkt allen Interesses."

Gleichzeitig besteht die Gefahr der Überforderung

durch zu hohe Erwartungen der Familie. Beides beeinträchtigt ein gesundes Selbstbewußtsein, das sich ja wie gesagt in einer realistischen Einschätzung der eigenen Fähigkeiten und Schwächen gründet.

Größenphantasien, die jeder Mensch während einer Kindheitsphase hat, werden im Miteinander der Geschwister korrigiert. Bei Einzelkindern bleiben sie oft bestehen, weil ihnen dieses Korrektiv fehlt. Schon Erzieherinnen im Kindergarten beklagen diese Mängel, die ein echtes Miteinander-arbeiten oft unmöglich machen, ebenso wie später die Lehrer.

Eine befreundete Lehrerin verdeutlichte mir die zunehmende Mühseligkeit ihrer Arbeit so: „Stell dir vor, du solltest einen Chor aus lauter Solisten dirigieren!" Ich habe mir das vorgestellt und bin zu dem Schluß gekommen, daß es scheußlich klingen muß. Solisten sind es gewohnt, ihre eigene Stimme in den Vordergrund zu stellen, ohne auf die anderen zu hören. So singen sie dann also alle gegeneinander statt miteinander.

Dazu kommt, daß Einzelkinder sehr häufig materiell verwöhnt und so von Äußerlichkeiten abhängig gemacht werden. Auch das wurde schon erörtert.

Das Miteinander der Geschwister bietet weit mehr Anregung für die Phantasie und das gleichzeitige „Begreifen" des Lebens – und damit ist viel mehr Selbstsicherheit im Umgang mit dem Leben verbunden, als die oft für Einzelkinder als Ersatz angebotene extreme Förderung von bestimmten Fertigkeiten (beispielsweise durch Sport- oder Musikunterricht) bieten kann. Das liegt zum großen Teil schon einfach daran, daß dieser Unterricht, selbst wenn er in Gruppen stattfindet, ja immer nur kurze Zeit dauert und mit echtem Miteinander-leben wenig zu tun hat.

In unserer Klinik haben wir das Glück, unseren Patienten auf einer kleinen Station mit zwölf Personen dieses 24-Stunden-miteinander-leben anbieten zu können, sozusagen als nachgeholte Familien-Lebensschule. Besonders viele Egozentriker tun sich damit am Anfang sehr schwer, bestätigen später aber, wie wichtig gerade diese Erfahrungen mit den anderen für ihr Selbstbewußtsein waren. Ich glaube, für viele war dies sogar sehr viel wichtiger als die Gespräche mit den Therapeuten.

Grenzen – warum sie so wichtig sind

Wir leben in einer Welt, in der wir immer an Grenzen stoßen. Deshalb belügen wir unsere Kinder, wenn wir ihnen Grenzenlosigkeit vorgaukeln, indem *wir* ihnen keine Grenzen setzen. Viele Eltern meinen beispielsweise, ihr Kind habe Anspruch auf unbegrenztes Verständnis, unendliche Geduld und grenzenlose Zuwendung. Ja, sie glauben sogar, daß diese Erziehungshaltung das Selbstbewußtsein von Kindern stärkt. Derart fehlorientierte Menschen erleben später jede Art von Begrenzung als Angriff auf ihren Selbstwert und müssen deshalb – um diesen nicht zu gefährden – gegen jede Begrenzung geradezu verzweifelt ankämpfen.

Erziehung muß deshalb auch zum Ziel haben, Kinder den Umgang mit Grenzen zu lehren, sowohl den mit äußeren Beschränkungen als auch den mit Begrenzungen, die das eigene Können betreffen.

Kinder müssen lernen, sich innerhalb von Grenzen wohnlich einzurichten, damit sie in dieser Welt gut und selbstbewußt leben können. Denn Grenzen sind nun einmal da, und wir als Eltern haben die Pflicht,

30

unseren Kindern sinnvolle Wege zu zeigen, diese Grenzen zu akzeptieren und mit ihnen zu leben.

Natürlich muß ein Mensch im Falle eines Falles auch gegen unsinnige Begrenzungen angehen können – aber auch dazu muß ein Kind zunächst einmal realistische Grenzen aufgezeigt bekommen und diese einschätzen können. Auch das lernt es bestimmt nicht, wenn ihm von den Eltern Grenzenlosigkeit vorgegaukelt wird.

Vor ungefähr zehn Jahren erschien im SPIEGEL ein Artikel, in dem sich ein Lehrer selbstkritisch mit der von ihm selbst lange Jahre praktizierten Erziehung ohne Einschränkungen auseinandersetzte. Der letzte Satz ist mir im Gedächtnis geblieben, weil er so deftig war: „Ich habe erkannt, daß Kinder und Heranwachsende Grenzen brauchen, mit denen sie sich auseinandersetzen können, sich daran reiben können wie die Wildsau an der Borke."

Wieder einige praktische Beispiele:

Wenn einem Kind gesagt worden ist, daß es ein bestimmtes Spielzeug sorgfältig behandeln muß, und es das Spielzeug doch hinschmeißt und es dabei zerbricht, dann sollte ihm nicht gleich ein neues Spielzeug gekauft werden. Natürlich tröstet man es dadurch schnell, und man will dem Kleinen ja keine Traurigkeit zumuten. Doch so bringt man das Kind um eine wichtige Grenzenerfahrung.

Oder nehmen Sie ein älteres Kind, das etwas beschädigt hat, was jemand anderem gehörte, es hat zum Beispiel die Fensterscheibe des Nachbarn mit dem Fußball zerschossen. Es sollte diesen Gegenstand sinnvollerweise von seinem Taschengeld ersetzen müssen. Man muß ihm ja nicht gleich in den nächsten Wochen alles Taschengeld wegnehmen, aber es sollte zumindest eine angemessene Ratenzahlung vereinbart werden.

So, und nur so, lernen Kinder *ihre* Grenzen kennen. Sie gelangen zu folgender Erkenntnis: „Ich habe mich zwar bewußt für dieses Handeln entschieden, weil ich mir das schön vorgestellt habe, aber ich konnte das Ergebnis noch nicht richtig einschätzen. Nun muß ich dafür geradestehen, so gut ich es kann."

Sich seiner *selbst* mit seinen Grenzen *bewußt* zu werden – das ist ein wichtiger Schritt in Richtung Selbstbewußtsein.

Das Erkennen der eigenen Begrenztheit und das Einhalten von Grenzen ermöglicht eigentlich auch erst so etwas Wunderbares wie Staunen und Ehrfurcht. Beides beinhaltet die Erkenntnis, daß etwas existiert, was über die eigene Begrenztheit hinausgeht. Es wird heute so oft beklagt, daß die Menschen vor nichts mehr Respekt haben und daß ihnen nichts mehr heilig ist. Ich denke, das ist eine Folge der „grenzenlosen" Erziehung.

Einerseits begrüße ich es zum Beispiel, daß Kinder sich heute in der Kirche wohlfühlen dürfen. Ich selbst wurde noch mit dem mitgebrachten Kochlöffel, dessen Funktion als Strafwerkzeug ich sehr gut kannte, zum absoluten Stillsitzen in der Kirche gezwungen. Meine Eltern begründeten das damit, daß die Kirche das Haus Gottes sei, in dem man zu schweigen habe. Sicher lernt ein Kind so Gott nur schwerlich als liebevollen Vater kennen.

Es bekümmert mich aber andererseits auch, daß Kindern heute vielerorts die Erfahrung der Ehrfurcht vor Gott vollkommen vorenthalten wird. Meist dürfen sie sich in der kurzen Zeit, in der sie am gemeinsamen Gottesdienst teilnehmen, grenzenlos bewegen, reden und spielen, als seien sie auf einem Spielplatz, selbst beim Gebet.

Immer wieder habe ich erlebt, daß Kinder – wenn man es ihnen freundlich nahebringt – ganz gut eine Weile leise sind und ruhig sitzen. Abgesehen vom Kennenlernen von Grenzen und Selbstbeherrschung, lernt ein Kind so auch, sich zu konzentrieren und hinzuhören (oder -zusehen) – eine unschätzbar wichtige Erfahrung!

Wenn ich bei allzu dreisten kleinen Störenfrieden im Gottesdienst schon mal eingeschritten bin, hat mir das niemals den Ärger der angesprochenen Kinder eingebracht, wohl aber den der „antiautoritären" Mütter.

Kinder sind meist durchaus willig, Autorität anzuerkennen, wenn sie ihnen liebevoll begegnet. Gerade vor Gott sollte unser Selbstbewußtsein mit einer Haltung der Ehrfurcht verbunden sein. Das hat nichts mit Duckmäusertum oder Angstmache zu tun.

Es ist nun mal ein ganz wichtiges Spannungsfeld in der Beziehung zwischen Gott und Mensch, daß Gott einerseits Mensch geworden ist, andererseits aber auch vollkommen, unendlich und unfaßbar heilig ist. Wenn Kinder dies nicht – kindgemäß, aber deutlich – erfahren, dann ist die logische Folge, daß sie Gott auch als Heranwachsende und Erwachsene nur als Erfüller ihrer Bedürfnisse betrachten und gar nicht daran glauben können, daß seine Gebote ernstgemeint sind.

Neulich begegnete mir das Ergebnis einer solchen „Glaubenshaltung": In einem Gespräch mit jungen Erwachsenen ging es um den Umgang mit Sexualität und die Frage, was die Bibel zu Ehebruch und Hurerei sagt (schon diese beiden letzten Worte lösten amüsiertes Lächeln aus). Da meinte ein Student, der mit seiner Freundin zusammenlebt: „Ob ich meine Freundin mal heirate, ist ja wohl meine Sache. Und Gottes Segen *nehme ich* für diese Beziehung auf jeden Fall *in Anspruch*."

Das klingt toll selbstbewußt, nicht wahr? Aber als ich ihn fragte, ob er denn ernstlich sicher sei, daß Gottes Segen ihm so einfach nach Belieben und im Selbstbedienungsverfahren zur Verfügung stehe, da wurde er schnell unsicher. Er hatte noch nie darüber nachgedacht. Er hatte bisher nur gelernt, einfach zu beanspruchen, was er wollte. Davon war sein Selbstbewußtsein auch Gott gegenüber geprägt.

Was für eine tragische Selbstüberschätzung, die anscheinend nie von verantwortlichen Erziehern oder Seelsorgern korrigiert worden war!

Vorfreude

Zum Thema „Grenzen" gehört auch die Fähigkeit, auf etwas warten zu können. Mir fällt auf, daß heute viele Menschen es als unaushaltbare Zumutung erleben, auf etwas warten zu müssen.

Neulich sprach ich mit einem jungen Mann, der bereits Mitte 20 war und überhaupt nicht gelernt hatte, sich selbst zu steuern. Das lag mit daran, daß seine Familie aus mehreren Gründen chaotisch war. Zum einen war der Vater Inder und die Mutter Deutsche; der junge Mann war also von klein auf mit zwei völlig verschiedenen Kulturkreisen konfrontiert worden. Zudem war die Familie in allen möglichen Ländern umhergereist. Er selber hatte viele Jahre in England gelebt, bevor er nach Deutschland kam, so daß es sicher für ihn schwierig war, sich zu orientieren und einzuordnen.

Dieser junge Mann lebte also als eine Art Notlösung vollkommen nach Lust und Laune. Doch eines Tages, lange nachdem seine Therapie beendet war, rief er mich an und sagte: „Heute habe ich begriffen, was Sie mir die ganze Zeit beibringen wollten. Ich habe natürlich nicht auf Sie gehört und mir gleich auf Pump ein Auto gekauft, das ich dann abzahlen wollte. Jetzt habe ich es zu Schrott gefahren. Ich habe kein Auto mehr, aber abzahlen muß ich immer noch."

Er hatte es einfach nicht aushalten können, erst das nötige Geld anzusparen und dann ein Auto zu kaufen. Ich hatte, als er noch bei mir in Therapie war, in der Gesprächsgruppe dieses Thema häufig angesprochen. Wir hatten gemeinsam darüber nachgedacht, daß heute die meisten jungen Leute das Gefühl der Vorfreude gar nicht mehr kennen.

Ich erinnere mich jetzt noch an viele Dinge, auf die ich mich lange gefreut habe, bevor ich sie endlich besaß. Zum Beispiel habe ich mir einmal mühselig von meinem Taschengeld einen flauschigen Pullover zusammengespart. Als ich nach langer Zeit das Geld schon fast zusammenhatte, bin ich noch einmal in das Geschäft gegangen und habe die Verkäuferin beschworen, den Pullover ja nicht zu verkaufen, weil ich mich doch so auf ihn gefreut hatte. Diesen Pullover habe ich dann gepflegt und gehegt, weil er einen großen Wert für mich besaß – eben weil ich ihn nicht sofort und mühelos bekommen hatte.

Ich habe das aber nur lernen können, weil meine Eltern mir die Zeit des Wartens dadurch leichter gemacht hatten, daß sie mich die Vorfreude lehrten – damals aus Geldnot und auch, weil es noch so üblich war, daß es Geschenke nur an Geburtstagen und Weihnachten gab. Wie haben wir uns auf diese Feste gefreut, wenn endlich ein Wunsch in Erfüllung gehen sollte!

Ein solches Gefühl ist vielen Kindern heute verwehrt, und dem oben erwähnten jungen Mann leider auch. Geht es dagegen um das Wort „Abzahlung", dann können viele Menschen einschlägige Erfahrungen beisteuern.

Jeden Tag, wenn ich zur Arbeit fahre, komme ich an einem großen Plakat vorbei, auf dem ein Brautpaar abgebildet ist. Als Unterschrift kann man lesen: „Wir begründen Ihr Glück." Es handelt sich um ein Kreditangebot von einer Bank.

Dieser Satz ist gelogen! Ich weiß, daß es umgekehrt ist. Schulden sind die Ursache für viel Unglück in jungen Ehen. Sparen und sich nach und nach sein „Nest" schön machen – das festigt das Glück.

Die Wurzeln für den lockeren Umgang mit Krediten werden häufig bereits im Kleinkindalter gelegt, wenn Eltern es nicht aushalten können, daß ihre Nachbarn sich mehr leisten können als sie. Aus solchen Gründen schenken sie dann ihrem Kind auch gleich ein neues Fahrrad, sobald es danach verlangt, obwohl es vielleicht nicht mehr in den Haushaltsetat paßt. Sie können es aufgrund ihres nur geborgten Selbstbewußtseins nicht aushalten, ihrem Kind zu sagen: „In vier Monaten hast du Geburtstag, und wir wollen uns gemeinsam darauf freuen, daß du dann einen Wunsch von uns erfüllt bekommst."

So lernt das Kind auch am Vorbild der Eltern, „auf Pump" zu leben.

Was hat das mit Selbstbewußtsein zu tun?

Auf etwas warten zu können, sich etwas angespart zu haben und es sich dann leisten zu können, das stärkt das Selbstbewußtsein, das Vertrauen in die eigenen Fähigkeiten.

Etwas mühsam abzahlen zu müssen dagegen wird als demütigend erlebt, und als Schuldner von anderen abhängig zu sein drückt sehr auf das Selbstbewußtsein.

36

Das Trotzalter und die Zeit danach bis zum Schulalter ist also eine ganz wesentliche Zeit, in der wichtige *Lernschritte* getan werden können, damit ein Kind Selbstachtung und Selbstbewußtsein entwickelt und ein Bewußtsein dafür bekommt, was es sich zutrauen kann und was nicht. Der Ausbau dieser Erfahrungen geht natürlich immer weiter.

Ich kann mich noch an einen Elternabend erinnern, an dem wir ausschließlich darüber diskutiert haben, ob die Noten abgeschafft werden sollten oder nicht. Ein Teil der Eltern war entschieden der Meinung, daß der Druck des Vergleiches der Kinder untereinander ihnen unbedingt erspart werden muß.

Ich habe damals sehr engagiert versucht, gegen diese Haltung anzugehen, denn ich denke, es ist wichtig und auch hilfreich, daß ein Kind auch durch seine Noten erkennt, wo es seine Stärken und seine Schwächen hat. Dadurch kann es herausfinden, in welchen Bereichen es noch mehr lernen muß, wo es etwas einsetzen und sich anstrengen und wo es sich auf seinen Lorbeeren ausruhen kann. Hierin besteht ja auch der eigentliche Sinn der Notengebung und nicht etwa in einer seelischen Quälerei für die Schüler.

Wenn wir aber unseren Kindern eine solche nicht immer schöne Selbsteinschätzung ersparen wollen, dann kann sich dort, wo normalerweise realistisches Selbstbewußtsein wächst, nur ein großer Sumpf der Selbstüberschätzung befinden. Nicht umsonst heißt es ja, daß Selbsterkenntnis der erste Schritt zur Besserung sei. Manche meiner Patienten haben das Leben ohne eine solche Selbsterkenntnis recht einleuchtend so beschrieben: „Es ist wie eine unsichere Fahrt im Nebel."

Die Pubertät

Die nächste wichtige Zeit für unser Selbstbewußtsein ist die Pubertät.

Ich bin vor einigen Jahren im Urlaub in Papua-Neuguinea gewesen, im Hochland, das schwer zugänglich ist und deshalb abgeschirmt von allen „modernen" Einflüssen. Hier haben sich auf uralten Erfahrungen beruhende Traditionen erhalten, die das Überleben eines Volksstammes unter schwierigen äußeren Bedingungen sichern.

Der Führer, der uns dort hingebracht hatte, lud uns ein, in einem Dorf an einem großen Fest teilzunehmen. Dieses Fest war eine Art Initiationsfeier für die Jungen des Stammes, in etwa mit unserer Konfirmation vergleichbar.

Weil in dieser Kultur die jungen Frauen nicht viel gelten – dort gibt es zunächst mal Menschen (das sind die Männer), dann gibt es Schweine, dann gibt es Söhne, und dann erst kommen die Frauen –, ist dieses Reiferitual nur für die jungen Männer gedacht.

Diese Jungen werden in den zwei Jahren vor diesem Fest fern von ihrer Dorfgemeinschaft von einem weisen, alten, lebenserfahrenen Lehrer in allen Dingen ausgebildet, die sie brauchen, um in ihrem Dorf und in ihrer Familie ein wertvolles Mitglied zu sein.

Als ich mir nun diese jungen Papuaner näher ansah, konnte ich kaum glauben, daß sie mit eben 13 bis 15 Jahren schon volle gesellschaftliche Verantwortung tragen konnten. Während ich sie also ungläubig bestaunte, rutschte mir heraus: „Also, ich kann mir gar nicht vorstellen, daß so ein Bub jetzt heiraten und die Aufgaben eines Familienvaters übernehmen kann."

Unglücklicher- oder vielleicht auch glücklicherweise übersetzte das unser Führer, woraufhin mich der Blick des von ihm angesprochenen Jungen traf, in dem alle Verachtung der Welt lag.

Mit ungläubigem Kopfschütteln meinte er, er könne gar nicht verstehen, warum ich daran zweifele, daß er diese Aufgabe übernehmen kann. Er habe in den vergangenen zwei Jahren seinen Altersgenossen, seinem Lehrer und damit auch seinem Volk *bewiesen*, daß er dem gewachsen sei. Er könne Schmerzen und Durst aushalten. Müdigkeit könne ihn nicht davon abhalten, so lange nach Wild zu jagen, wie es nötig sei, damit die Familie zu essen bekommt. Und er hätte gelernt, seine Angst zu beherrschen. Als nächstes zählte er mir eine ganze Liste von Dingen auf, die er sich selbst zutraute und die auch die anderen ihm zutrauten. Während er mir das erzählte, strahlte aus seinen Augen ein Selbstbewußtsein, das ich jedem jungen Menschen nur wünschen würde.

Ich höre von so vielen jungen Leuten hier: „Ich traue mich noch nicht, in den Beruf zu gehen. Deshalb will ich erst mal noch die und die Umschulung machen", oder: „Ich traue es mir noch nicht zu, ein Kind zu kriegen", oder: „Ich habe Angst, diese und jene Verantwortung zu übernehmen", oder: „Ich bin noch nicht so weit."

Solche Aussagen sind meiner Meinung nach ein Zeichen dafür, daß in der Erziehung weitgehend völlig falsche Vorstellungen davon vermittelt werden, was im Leben wichtig ist, so daß heute ein Jugendlicher im Alter von 20 Jahren – und wir setzen ja heute die Pubertät schon bis 30 Jahre an – viel weniger selbstbewußt seine Lebensaufgaben annimmt als ein 13jähriger Papuaner die seinen.

Er gilt mit Recht als erwachsener Mann, zumindest was seinen Wert für die Gemeinschaft angeht. Selbstverständlich darf er auch erst jetzt in gesellschaftlichen Angelegenheiten mitbestimmen. Viele europäische 30jäh-

rige können kaum ihr eigenes Leben einigermaßen meistern, geschweige denn Verantwortung für die Gesellschaft tragen. Wählen und mitbestimmen wollen und
dürfen sie aber in allen Bereichen!

Zwei wesentliche Lebensaufgaben, die in der Pubertät bewältigt werden müssen

1. Maßstäbe und Ideale für das eigene Leben finden

Die *Vorgabe* dafür, daß diese Aufgabe angepackt werden
kann, ist, daß ein junger Mensch Maßstäbe, Ideale und
Zielvorstellungen vorgelebt bekommt und daß ihm nicht
alles gleich-gültig vermittelt wird.

Dann muß er, wenn sein Verstand mit zunehmender
Reife dazu in der Lage ist, kritisch überprüfen, was er bei
seinen Eltern beobachtet hat. Unkritisch und fraglos
übernommene Ideen bilden ein wackliges Fundament für
das spätere Leben! Die eigene Meinung will erworben
sein, wenn sie einmal standfest sein soll. Dazu gibt es ein
passendes Sprichwort: „Was du ererbt von deinen Vä-
tern, erwirb es, um es zu besitzen".

> Ein junger Mensch muß sich also wirklich mit den
> Fragen auseinandersetzen: „Was will ich an Werten
> und Idealen von meinen Eltern übernehmen? Wo
> finde ich sonst sinnvolle Orientierung? Was muß
> ich erst einmal selbst ausprobieren?"

Sich diese Fragen überhaupt stellen zu können, und
erst recht, darauf Antworten zu finden und so schließlich
eigenverantwortlich leben zu können, ist ohne die bisher
beschriebene Erziehung unmöglich.

40

So ist es auch eine Folge der ausgebliebenen Erziehung, wenn jungen Leuten diese Fragen gar nicht auf den Nägeln brennen, sondern eher die Frage, was die neueste Mode ist, wie man am meisten Spaß haben kann (*Spaß*, nicht Freude!), und wenn sie Drogen nehmen, um noch mehr Spaß zu haben – oder wenigstens weniger Frust.

In der Bibel finden wir eine Geschichte, die von einem jungen Mann erzählt, der genau diese Fragen für sich klären mußte. Es ist die Geschichte vom *Verlorenen Sohn*. Falls Sie dieses Gleichnis nicht kennen, sollten Sie es unbedingt einmal lesen. Sie finden es in Lukas 15,11-32.

Der junge Mann in dieser Geschichte verläßt früh sein Elternhaus und die Wertvorstellungen seines Vaters. Er testet seine eigenen Werte aus und lernt seine Grenzen kennen, behält aber immer im Hinterkopf, was er bei seinem Vater gesehen hat. Vielleicht ist er gerade deshalb weggegangen, weil er die Werte des Vaters „ätzend" fand. Gut, daß der Vater sich nicht entmutigen ließ, zu seinen Worten zu stehen, auch wenn es zum Weggang des Sohnes führt. Denn nur dadurch weiß der Sohn, wohin er sich wenden kann, als er bei all seinem Ausprobieren scheitert.

Ich kann das gut verstehen, denn ich verdanke beispielsweise meiner Großmutter viele wertvolle Hinweise, die ich allerdings damals nicht gern hören wollte. Weil sie aber trotzdem das aussprach, was sie für wichtig hielt, konnte ich später darauf zurückgreifen, wenn ich in Schwierigkeiten steckte.

Wenn ich die Geschichte wieder einmal lese, habe ich das Gefühl: Der andere Sohn ist viel verlorener. Der ist nämlich in seinem bequemen Zuhause hocken geblieben und ist deshalb unsicher und mißmutig. Er erinnert mich an viele meiner Patienten, denen überhaupt nicht bewußt ist, was sie wert sind, und auch nicht, was die Liebe des

41

Vaters wert ist. Das aber sollte ein Mensch im Laufe seiner Pubertätsjahre gelernt haben.

Ich erinnere mich an eine Gruppensitzung, in der eine junge Frau erzählte, wie sehr sie sich von ihrem Vater unterdrückt gefühlt habe, weil er sie abends weder alleine noch beliebig lange ausgehen lassen wollte. Er habe sie immer mit den Worten unter Druck gesetzt, daß er Angst um sie habe, sagte sie. Offenbar hatte sie die Fürsorge in diesen Worten gar nicht gehört. Eine andere junge Frau, die sehr „frei" erzogen worden war und keinerlei Einengung erfahren hatte, brach plötzlich in Tränen aus. Auf meine erstaunte Frage, was ihr denn so nahe gehe, antwortete sie: „Ja, war ich meinem Vater denn egal? Hatte er keine Angst um mich, vor dem, was mir alles passieren könnte, wenn ich allein ausging?" Diese junge Frau hatte die Wertschätzung des fürsorglichen Vaters der anderen erkannt.

Das Wissen um unseren eigenen Wert ist für unser Selbstbewußtsein unerläßlich. Ebenso notwendig ist es, daß ich weiß, an welchem Maßstab ich mein Wissen über mich selbst beurteilen kann. Ich brauche feste Zielvorgaben und Zielvorstellungen, auf die ich Schritt für Schritt zugehen kann, sonst übermannt mich die Angst davor, mein Leben in die Hände zu nehmen.

Daß Eltern, Erzieher, Gemeinden jungen Menschen diese Zielsetzung schuldig bleiben, ist der Grund dafür, daß so viele Menschen heute so viel Angst vor dem Leben haben – und vermutlich auch dafür, daß junge Menschen heute Gottes Wegweisungen nicht mehr wichtig nehmen.

2. Die Identifizierung mit dem eigenen Geschlecht

Die zweite wichtige Aufgabe ist die positive Identifizierung mit dem eigenen Geschlecht. Dieser Schritt wird heute durch die Gleichmacherei der Geschlechter auf der einen Seite und die fast schon religiöse Erhebung des Feminismus auf der anderen Seite sehr erschwert.

Wenn Feministinnen zum Beispiel äußern: „Solange wir Frauen die Kinder kriegen (und großziehen) müssen, leben wir in der Sklaverei", und das auch noch öffentlich und ohne Widerspruch kundtun, dann hängen viele junge Frauen geradezu gläubig an ihren Lippen. Was aber bedeutet das für deren sexuelle Identität?

Ich bin der Meinung, daß wir älteren Frauen uns an dieser Stelle fragen müssen: „Leben wir unser Leben selbstbewußt mit allen uns Frauen eigenen Möglichkeiten? Geben wir jungen Frauen ein gutes, überzeugendes Beispiel? Oder sind wir auch dem Zeitgeist verfallen und messen unseren weiblichen Wert vorwiegend an dem, was Männer können und dürfen? Wären wir vielleicht auch gerne Quotenfrauen, damit wir ein bestimmtes Amt oder einen bestimmten Posten bekommen?"

Als ich vor einiger Zeit vor einigen hundert jungen Frauen diese Fragen kritisch in einem Vortrag betrachtete, kamen hinterher einige Zuhörerinnen zu mir und bedankten sich sehr bewegt. Sie waren die Töchter von Müttern, die – immer unglücklich – versucht hatten, sich in eine Männerwelt nach Männermaßstäben hineinzuemanzipieren.

Sie hatten ihren Töchtern die Annahme der eigenen Rolle als Frau sehr erschwert, ja im Fall einer magersüchtigen jungen Frau sogar vollkommen unmöglich gemacht.

Wo sind die Mütter, die ihren Töchtern vermitteln,

wieviel Freude und Befriedigung in dem Privileg liegt, Kinder bekommen und aufziehen zu können? Ich bin überzeugt davon, daß diese Freude bei der Mehrzahl der Frauen da ist. Aber sie trauen sich nicht, diese auch auszudrücken, aus Angst, dann als altbacken und zurückgeblieben zu gelten.

Für junge Männer gilt ganz ähnliches. Sie brauchen das Vorbild guter Ehepartner und stolzer Väter, das ihnen täglich vorgelebt werden muß. Das Klischee „Macho" oder „Softie" ist keine Hilfe.

Die heute so weit verbreitete Homosexualität verstehe ich aus meiner Erfahrung heraus als eine – wie ich es nenne – „Vermeidungs-Homosexualität". Aus Unsicherheit über die eigene Geschlechtsidentität ist der gleichgeschlechtliche Partner anziehend, und die Begegnung mit dem anderen Geschlecht macht Angst und wird deshalb vermieden.

Nur wenn man als junger Mensch eine gesunde Einstellung zu seinem eigenen Geschlecht gefunden hat, kann er auch getrost den nächsten Reifeschritt tun und sich an einen andersgeschlechtlichen Partner binden.

Doch wenn Sie sich in Ihrer nächsten Umgebung umschauen und sehen, wie groß die Bindungsunwilligkeit und -unfähigkeit geworden ist, dann werden Sie feststellen, daß das zwar ein ganz trauriges Kapitel ist, aber vom Zeitgeist zu einem Ideal erhoben wird. Das nennt man heute Werte*wandel*.

Ich meine, es ist ein Wert*verlust*, wenn Treue nicht mehr als Wert angesehen wird. Jeder Mensch sollte seine Begabungen in den Dienst einer verbindlichen, heterosexuellen Partnerschaft, eines Berufes, einer Gemeinde

44

und schließlich in den Dienst der Elternschaft stellen können. Damit dient er seinem Selbstbewußtsein am allermeisten.

Sie kennen sicher das Sprichwort: „Wem Gott ein Amt gibt, dem gibt er auch den Verstand oder die Kraft dazu". Das ist sicher richtig; diese Fähigkeiten müssen aber nicht ausschließlich von Gott gegeben werden, sondern wir können sie auch entwickeln, indem wir uns an eine Aufgabe heranbegeben. Man muß nicht immer erst darauf warten, bis alle Fähigkeiten voll entwickelt vor einem auf dem Präsentierteller liegen. Aufgaben kann man auch einfach mal anpacken (vielleicht mit der Hilfe eines „erfahrenen Kämpfers") und an ihnen wachsen – und das hat wiederum eine enorme Steigerung des Selbstwertgefühls zur Folge.

Gerade zur Entwicklung unseres Selbstbewußtseins ist es unheimlich wichtig, daß wir zunächst einmal etwas *lernen*. Etwas *haben, sein* oder *können* – das wollen wir alle.

Lernen und erwerben dagegen wollen wir all das schon nicht mehr so gern. Und uns weiterentwickeln, das tun wir am liebsten klammheimlich, so daß keiner sieht, wenn wir einen Fehler machen.

Dabei ist, wie gesagt, besonders der verantwortliche Umgang mit den eigenen Schwächen eine tragende Säule für unser Selbstbewußtsein. Verdrängte Schwächen haben nur ein einziges Resultat, nämlich daß wir uns immer nur um uns selbst drehen und uns ständig sagen müssen: „Hoffentlich sieht mich hierbei keiner. Wie kann ich es anstellen, daß ich das verberge?"

Wenn wir also andauernd vor den anderen auf der Hut sein müssen, können wir uns unmöglich einer bestimmten Sache zur Verfügung stellen. Die Bibel sagt zu dieser Situation, in meinen eigenen Worten wiedergegeben, folgendes: „Wer sich selber sucht, der verliert sich (das bezeichnet das Kreisen um sich selbst), aber wer sich hingibt an eine Aufgabe, wer sich in den Dienst stellt (und der Dienst für Gott ist ja da sicher der allerwesentlichste), der findet sich."

Das bedeutet:

Ein tragendes Selbstbewußtsein kann man nicht direkt anstreben, sondern das bekommt man als Geschenk dazu, wenn man von sich selber wegzusehen beginnt und sich auf den Weg macht.

Feinde des Selbstbewußtseins

Zeitgeist

Neulich gab es eine Sendung im Fernsehen, in der es um den Zeitgeist ging. In dieser Sendung versuchte man zu definieren, was darunter zu verstehen ist. Doch die Runde der Experten ist zu keinem zufriedenstellenden Ergebnis gekommen, und deswegen muß auch ich keine vollkommene Definition des Begriffs „Zeitgeist" fertigbringen. Aber ich denke, trotzdem müssen wir es versuchen, den Begriff einzukreisen, denn er ist ja schon seit einiger Zeit in aller Munde.

Ein Hauptmerkmal des Zeitgeistes ist die Verherrlichung der Orientierungslosigkeit. Vorbilder, Zielvorstellungen und Leitlinien werden als „Unfreiheit" diffamiert.

Diese allgemeine Orientierungslosigkeit ist einerseits entstanden durch das Verwechseln von Freiheit mit Willkür und andererseits durch eine rapide, einseitige Infragestellung althergebrachter Werte, ohne neue Werte an deren Stelle zu setzen.

In diesem Zusammenhang muß ich immer wieder an den Ausspruch denken: „Da, wo die Menschen aufhören, Gott zu dienen, schlüpft ein Götze in den freigewordenen Raum." Ich glaube, heute sind wir auf dem besten Weg, unsere eigenen Götzen zu werden.

Zudem scheint mir, daß der besagte Zeitgeist eine Art Gehörlosigkeit gegenüber den Fragen nach einem sinngebenden Lebenshintergrund bewirkt, eine Taubheit. Wenn ich über dieses Phänomen nachdenke, erschrecke ich bei dem Gedanken, daß es sich hier um die „Verstocktheit" handeln könnte, die in der Bibel oft als eine Folge der zu langen Trennung von Gott genannt wird.

Besonders betroffen gemacht hat mich, als ich hörte, daß eine bekannte Politikerin bei einer Ansprache im Rahmen einer kirchlichen AIDShilfe-Veranstaltung gesagt haben soll, Jesus Christus hätte auch AIDS haben können, und deshalb seien Christen verpflichtet, sich um AIDS-Kranke zu kümmern.

Diese Bemerkung konnte ich nicht so stehenlassen, also habe ich ihr einen Brief geschrieben und darin von Mutter Theresas Motivation berichtet, die sich vorbildlich nicht nur um AIDSkranke Menschen kümmert. Mutter Theresa sagte während eines Kongresses: „Solange mir Gott meine Stimme läßt, werde ich den Lebenswandel, mit dem man sich AIDS holt, Sünde nennen (und Christus hat nicht gesündigt, deshalb konnte er sich kein AIDS holen). Und solange mir Gott Liebe gibt, werde ich den Sünder mit aller Kraft, die mir Gott dafür zur Verfügung stellt, pflegen."

Was für ein klares Wort im Unterschied zu der verantwortungslosen Äußerung der Politikerin, die den ersten Teil einfach wegließ!

Hier haben wir es wieder mit einer Eigenschaft des

Zeitgeistes zu tun: Er sagt nur einen Teil der Wahrheit, möchte sich nicht festlegen. Er huldigt dem Lauwarmsein, ganz im Gegensatz zur Bibel, die nur kalt oder heiß kennt und vom Zustand des Lauseins als etwas Ekelerregendem spricht.

Viele Politiker machen sich hinsichtlich des verantwortungslosen Umgangs mit Werten schuldig, vermutlich weil sie Stimmen sammeln und es deshalb jedem recht machen müssen, und vielleicht weil ihr Selbstbewußtsein doch nicht so tragend ist, wie es manchmal nach außen hin scheint. Leider finden wir eine ähnliche Zeitgeisthörigkeit auch immer mehr bei Verantwortlichen in den Kirchen.

„Die Kirche soll für alle ein Ort des Wohlfühlens sein", so ein Fernsehpfarrer. Nein – die Kirche ist der Ort, wo die Menschen den Willen Gottes erfahren, sein Angebot der Vergebung und Veränderung für ihr Leben wahrnehmen und so besser leben und anderen dienen können!

Die oben genannten Tücken des Zeitgeistes haben zum Beispiel zur Folge, daß wir heute in der Klinik völlig andere Krankheiten sehen als früher.

Ich habe in den letzten zehn Jahren kaum noch Neurosen gesehen, wie sie zu Freuds Zeiten gehäuft auftraten, als die Menschen eher *übererzogen* wurden. Neurosen kann man kurz so definieren, daß sie auf einem Konflikt zwischen Impulsen und Gewissen beruhen.

Dagegen haben wir heutzutage eine wahre Explosion von Suchtkrankheiten, Angstzuständen verschiedenster Art, Orientierungslosigkeit und ihren Folgezuständen – alles Probleme, die auf ein mangelndes Gewissen zurückzuführen sind.

Ich wage zu behaupten:

Ohne Gewissen – also ohne die Instanz, die Gut und Böse, Richtig und Falsch anzeigt – gibt es kein tragendes Selbstbewußtsein!

Materielle Verwöhnung und Übersättigung

In unserer Sprache gibt es einige bildhafte Redewendungen wie: „jemanden mit etwas abspeisen" oder: „jemandem das Maul stopfen", die erschreckend ehrliche Beschreibungen für materielle Verwöhnung sind.

Das beginnt schon bei kleinen Kindern, die Süßigkeiten kriegen, wenn sie ihre Eltern mit ihrem Bedürfnis nach Zuwendung zu sehr beanspruchen. Dazu kommt häufig noch, daß auch die Augen mit dem Fernsehprogramm gestopft werden.

Materielle Abspeisung anstelle einer geduldigen Begleitung beim Lernen, in Krisen und im Alltag behindert die Entwicklung eines guten Selbstbewußtseins und macht abhängig, ansprüchlich und süchtig.

Dazu ein kleines Alltagsbeispiel:

Ich habe eines Tages festgestellt, daß ich meine Enkelkinder in dieser Hinsicht schlecht beeinflußt habe. Sie haben sich immer gefreut, wenn ich sie besuchen kam, und wir haben mit Freude miteinander gespielt, Geschichten erzählt oder getobt. Also war ihre erste Frage immer: „Oma, was machen wir heute?" Aber ich wollte ihnen so gerne eine besondere Freude machen und habe mir daher angewöhnt, ihnen immer eine Kleinigkeit mitzubringen.

50

Eines Tages erschrak ich dann sehr, als ich bemerkte, daß sie mich schon mit den Worten: „Was hast du uns mitgebracht?" begrüßten. Ein heilsamer Schreck, der mir klarmachte: Ich war dabei, meinen Enkeln zu schaden, weil ich so gerne eine besonders liebe Oma mit Geschenken sein wollte.

Die materielle Verwöhnung führt überdies dazu, daß man alles sofort hat, nichts mehr erwirbt. Das gute, für das Selbstbewußtsein sehr wichtige Erleben, daß man selbst in der Lage ist, etwas herzustellen oder etwas von erspartem oder selbstverdientem Geld sich zu kaufen, bleibt aus. Darüber hinaus wird etwas, was man so leicht bekommt, auch nicht wertgeschätzt, das heißt, die Freude daran ist nicht tief und meist nur von kurzer Dauer, dann ist etwas anderes, das uns reizt, in unser Blickfeld gerückt. Eine schlimme Folge sind die Müllberge der Wegwerfgesellschaft.

Und wieder folgt Suchtverhalten als Abhängigkeit von äußerer Befriedigung.

Alles muß schnell und leicht verdaulich sein

Nichts darf mehr anstrengen, deshalb sind von den Lehrplänen in vielen Schulen auch die großen Werke der Kunst und Literatur weitgehend gestrichen worden. Es werden auch keine Gedichte mehr auswendig gelernt. Auch im Kindergottesdienst und Konfirmationsunterricht ist das Auswendiglernen von Liedern und Bibelversen nicht mehr üblich. Es wird auf diese Weise kein „innerer Schatz" aus Worten mehr angelegt, die dann auch in Zeiten zur Verfügung stehen würden, in denen man keine Bücher und keine Bibel zur Verfügung hat. Auswendiglernen macht zuviel Mühe – das „innere Vorratsregal" bleibt leer.

In einer Talkshow im Fernsehen hörte ich eine Gymnasiallehrerin für das Fach Deutsch sagen: „Ach wissen Sie, mit Goethe, Schiller und dem ganzen Kram kann ich auch nichts mehr anfangen. Das ist doch überholt und sollte vom Lehrplan gestrichen werden." Sie hat sich überhaupt nicht geniert, öffentlich zu verkünden, daß sie das alles nicht mehr versteht. Und außerdem glaubte sie offensichtlich, daß ihre Beschränktheit der Maßstab für alle anderen wäre.

Ich weiß noch, wie wir uns in der Schule bei der Lektüre der Antigone ein halbes Jahr lang mit dem Thema des „Schuldigwerdenmüssens" auseinandersetzten. Wie waren wir betroffen von diesem Aspekt des Lebens. Daraus hat sich dann notwendigerweise eine Auseinandersetzung mit der Frage des Umgangs mit Schuld und schließlich nach Glauben, nach Vergebung entwickelt.

Die Schriftstellerin Karin Struck, eine Frau, die lange Vorzeigeschriftstellerin der linken Szene war, die vier Kinder von verschiedenen Männern hat und von einem gewissenlosen Mann zu einer Abtreibung gezwungen worden ist, hat in ihrem Buch über die Abtreibungslobby in Deutschland ein ganzes Kapitel der Frage nach Gott gewidmet. Sie nennt sich „Noch-Atheistin". Aber ich denke, auch bei ihr ist es so: Über die Konfrontation mit den Fragen des Schuldigwerdens stellt sich auch ihr die Frage nach Gott.

Literatur bietet die Chance der Auseinandersetzung mit den großen Menschheitsproblemen. Gerechtigkeitsfanatikern, die um jeden Preis Anspruch auf ihr Recht zu haben glauben, empfehle ich beispielsweise die Lektüre von Heinrich von Kleists Werk „Michael Kohlhaas".

Dieses Standardwerk ist ihnen meist unbekannt. Früher gehörte es zur Pflichtlektüre eines jeden Schülers. Und am „Prinzen von Homburg" lernten wir den Sinn von allgemein verbindlichen Regeln kennen. Ich könnte noch lange so fortfahren.

Literatur bot und bietet Hilfe für Menschen in den normalen Lebenskrisen. Heute wird sie als Ballast betrachtet und oft gar nicht mehr angeboten, weil es sich um anstrengende und schwer verdauliche Kost handelt. Viele Lehrer haben resigniert oder wissen selbst nichts mehr damit anzufangen. Welch ein Verlust, auch hier als Wertewandel kaschiert.

Leistungsdruck

Auf der anderen Seite ist ein seltsamer Leistungsdruck entstanden, weil die Schule sich heute ihrem Erziehungsauftrag entzieht und sich stattdessen auf einseitige Wissensvermittlung beschränkt.

Vor einigen Wochen hörte ich eine Radiosendung, die die hilflose Situation der Schüler deutlich machte. Politiker, Lehrer und Elternvertreter sprachen über die Lernunfähigkeit der Schüler. Die Lehrer fanden, daß die Kinder die Fähigkeit zu lernen schon mitbringen müßten; die Eltern spielten den Ball zurück und behaupteten, die Schule habe ja nicht umsonst den Erziehungsauftrag. Und natürlich wuschen die Politiker ihre Hände erst recht in Unschuld.

Ich selbst habe schmerzliche Erfahrungen gemacht, als wir Ende der siebziger Jahre mit zwei schulpflichtigen Kindern umzogen. Ich habe damals mit verschiedenen Schulleitern gesprochen, um herauszufinden, wie ihr Menschenbild aussah und welche Erziehungsziele sie in ihrer Schule verfolgten. Meine Fragen lösten Unverständnis, Entsetzen und in einem Fall Spott aus.

Der Hinweis: „Wenn Sie auf *so was* Wert legen, gehen Sie am besten gleich zur katholischen Schule, da unterrichten sogar Nonnen!" war dann ungewollt hilfreich. Mit der Direktorin der katholischen Schule – ebenfalls eine Nonne – kam ich ins Gespräch, und wir entdeckten so viele gemeinsame Vorstellungen, daß meine (ungetauften Freikirchler-!) Kinder dann auf diese Schule gehen konnten.

Klassenverbände werden heute, in Zeiten, in denen Kinder und Heranwachsende die Gemeinschaft dringend brauchen, zerstört, um besser Wissen in die Schüler hineinpacken zu können. Im Alter von zehn bis zwölf Jahren werden Kinder in Leistungsgruppen neu zusammengewürfelt, also die Schwachen, die Mittelstarken und Starken in getrennte Gruppen. In der Oberstufe wird wieder der Klassenverband zugunsten von Fachkursen zerstört. Bei meinen Kindern habe ich erlebt, wie sie darunter litten, daß das soziale Gefüge der vertrauten Schulklasse in der Oberstufe auseinandergerissen wurde. Dafür haben sie chemische Formeln gelernt, die ich erst am Ende meines Medizinstudiums wissen mußte und die sie übrigens bis heute nie wieder gebraucht haben.

Wissen ist Macht. Deshalb verschwindet zugunsten des Leistungsdrucks das soziale Lernen, das Rücksichtnehmen auf Schwächere. Das Abschreiben-lassen, das ja sicher nicht ganz koscher, aber eigentlich eine liebenswerte Eigenschaft ist, mag als Beispiel dienen: Eine Eins bekommt heute nur, wer einsame Spitze ist. Die besten Noten bekommt also der, der seinen Nachbarn nicht mehr abschreiben läßt, ja ihm nicht einmal hilft. Denn sonst könnten gleich mehrere Schüler die gleichen guten

Ergebnisse haben, also niemand eine Eins bekommen. Folglich muß man egoistisch werden, wenn man es nicht schon ist, damit man die *Numerus clausus*-Norm erreicht. Diese unmenschliche Wissensvermittlung macht den Leistungsdruck aus, nicht daß objektiv mehr gelernt werden muß als früher.

Anspruchsdenken

Ich weiß nicht, ob Sie gemerkt haben, daß unsere Sprache einen Wandel durchgemacht hat, der gerade unseren jungen Leuten außerordentlich schadet. Früher hieß jemand, der etwas fürs Leben lernen sollte, einen Beruf also, „Lehrling". Heute heißt er „Auszubildender".

Das heißt, von dem Bewußtsein: „Ich habe was zu lernen, und mir wird etwas beigebracht", was ja in dem Wort Lehrling ausgedrückt wird, ist nichts mehr übrig. Statt dessen hat man heute einen *Anspruch* auf eine Ausbildung. Natürlich geht dabei die Wertschätzung dafür verloren, daß ein anderer Mensch sein lebenslänglich erworbenes Wissen mit mir zu teilen bereit ist. Die Mit-teilungen des Meisters oder Lehrers werden wertlos, wenn sie nicht so amüsant verpackt werden wie ein Fernsehprogramm. Sie lösen für sich nur Widerwillen aus – mit der Folge, daß man sich drückt.

Wäre es nicht höchste Zeit, wieder darüber nachzudenken, daß es nicht ganz sinnlos war, daß in früheren Zeiten Lehrgeld bezahlt werden mußte, wenn man bei einem guten Meister lernen wollte? Sein Wissen, von dem ein Lehrling etwas bekam, hatte einen Wert. Heute haben junge Menschen auf alles einen Anspruch.

Dieses Anspruchsdenken ist etwas, was zutiefst in Abhängigkeit führt. Wenn ich immer Ansprüche an andere habe, die diese mir erfüllen müssen, oder wenn sie sogar für mich sorgen müssen, dann werde ich abhängig. Aus Abhängigkeit entsteht dann Angst und aus Angst schließlich ohnmächtige Wut.

Ein Beispiel für diese Wut sind Demonstrationen, auf denen alles mögliche zerstört wird. Als meine Tochter noch in Marburg studierte, wollte ich sie dort besuchen und geriet in eine Demonstration. Weil ich sowieso nicht weiterkonnte, habe ich mir gedacht, daß ich auch aus meinem Auto aussteigen kann und mal hören, was die jungen Leute so bedrückte. Bald fand ich heraus, daß es Medizinstudenten waren, die für bessere Studienbedingungen demonstrierten. Sie behaupteten, sie könnten nicht richtig studieren, weil ihre Laborplätze nicht mit modernen medizinischen Geräten ausgestattet waren, nicht genug Lehrkräfte zur Verfügung standen, die Hörsäle überfüllt waren ...

Ich mußte daran denken, daß wir während meines Studiums an solche Dinge gar nicht gedacht haben. Und über das Alter der medizinischen Geräte konnten wir uns erst recht keine Gedanken machen. Wir mußten uns zu dritt und viert eines teilen und haben dabei gelernt, unsere Arbeit zu planen und Rücksicht aufeinander zu nehmen. Außerdem dauert so ein Medizinstudium fünf, sechs Jahre, und dann nützt es sowieso nichts, wenn ich gleich am Anfang moderne Geräte kennengelernt habe, die nach meinem Examen auch schon wieder unmodern sind. Wir waren uns viel mehr der Chance bewußt, die das Studium für uns darstellte (sicher auch, weil unsere

56

Eltern noch Schulgeld und Studiengebühren bezahlen mußten).

Aber die junge Generation ist so anspruchsvoll geworden, daß die Jugendlichen unglücklich und ängstlich sind, wenn ihnen nicht alles, was sie zu brauchen glauben, direkt vor der Nase steht. Wieder ein Mangel an Selbstbewußtsein, und auch hier wird wieder das eigene Leistungsvermögen klein-, der eigene Anspruch jedoch großgeschrieben. Schließlich entstehen Abhängigkeitsgefühle.

Und jeder weiß, daß es das Schlimmste ist, wenn man sich von jemandem abhängig fühlt. Das laute Geschrei, das so selbstbewußt aussieht, sollte uns deshalb nicht täuschen, dahinter steckt berechtigte Angst, das Leben nicht meistern zu können. Nur – die Abhilfe, die gefordert wird, ist keine Hilfe, sondern macht noch abhängiger. Und leider gehen auch hier gewissenlose Politiker viel zu schnell auf alle Forderungen ein, um wiedergewählt zu werden.

Feministische Parolen

Die feministischen Parolen habe ich schon als schädigend für das Selbstbewußtsein genannt. Je länger ich über den Feminismus nachdenke, desto mehr erschließt sich mir, daß es sich hier um einen Religionsersatz handelt, dem nicht nur Frauen, sondern auch viele Männer dienen. Ja, auch Männer sind vom Feminismus sehr angetan, und zwar diejenigen, die sich gar nicht mehr trauen, Männer zu sein, und die beispielsweise glauben, den Frauen ein Geschenk zu machen, wenn sie ihnen die neue Abtreibungspille als emanzipatorisches Mittel zur Selbsterlösung anbieten.

Die Gleichmacherei zwischen den beiden Geschlechtern, die die schöpfungsbedingte Verschiedenheit von Mann und Frau gar nicht mehr als Bereicherung kennt, sondern wegwischen will, hat ihre schlimmen Folgen auch für das Selbstbewußtsein. Dazu gehört zum Beispiel auch die Magersucht, eine der schwersten psychischen Erkrankungen junger Frauen, die ihre weibliche Identität nicht finden können. Fast jeder hat in seinem Bekanntenkreis ein solches junges Mädchen. Erschreckend, wenn man bedenkt, daß psychische Erkrankungen immer ein Spiegel des Zeitgeistes sind! Übrigens gibt es zunehmend auch Fälle von Magersucht als Identitätsstörung bei Männern.

Eine Grundbestrebung des Feminismus ist die Entwertung der Frauen- und Mutterrolle. Was haben wir Frauen eigentlich davon, wenn wir genauso gut Computerknöpfe drücken oder schwere Traktoren fahren können wie jeder Mann, und das 14 Stunden am Tag?

Männer können sich auf den Kopf stellen und mit allem zappeln, was sie haben – sie werden nie in der Lage sein, ein Kind auf die Welt zu bringen. Und wie leicht hat man uns Frauen einreden können, diese einzigartige Fähigkeit zu mißachten und Abtreibung als unser Recht einzufordern! Dabei kann doch nur ein „Männerverschnitt" dabei herauskommen, wenn Frauen sich so irreleiten lassen – niemals aber eine selbstbewußte Frau!

Wenn eines Tages Frauen keine Kinder mehr bekommen, also nach Ansicht so mancher Feministin den Männern „voll gleichgestellt" sind – wozu ist das dann gut? Was nützt die tollste Vertriebsmanagerin, wenn es keine Kunden mehr für ihre Produkte gibt?

Wir Mütter tun den wichtigsten Job im Staat, weil erst durch unseren alle anderen Berufe einen Sinn und einen Inhalt bekommen! Die Erkenntnis dieser Wichtigkeit und das Eintreten dafür ist wahrer Feminismus!

Schamlosigkeit und Enthemmung

Der Todesstoß für ein gesundes Selbstbewußtsein ist das Niedertrampeln jeglicher Intimität, im sexuellen Bereich, aber auch auf anderen Gebieten. Schauen Sie sich doch mal um, was Sie für Bekenntnisse in den Medien finden. Das geht so weit, daß einer der Privatsender Videofilme von Leuten ausstrahlt, die sich selbst beim Sex gefilmt haben. Tausende von Menschen senden dort ständig Videos über ihre Bettspiele ein.

Noch heute gilt Schamlosigkeit als ein Kriterium für Schwachsinn. Denn das Schamgefühl ist ja eins der Merkmale, das den Menschen vom Tier unterscheidet. Mir will scheinen, daß wir Menschen hier eine Rückentwicklung durchmachen und in diesem Bereich die Stufe des Schwachsinns schon längst erreicht haben.

Gehemmt zu sein gilt ja als etwas Schlechtes. In unserem Gehirn gibt es aber nicht nur Impulse, sondern auch Hemmschwellen. Diese wirken wie Zügel oder ein Lenkrad, die ja das Beibehalten einer Richtung und damit die Erreichung eines Ziels möglich machen. Wenn diese Hemmschwellen beschädigt werden (manchmal auch erst im Alter), dann wird ein so geschädigter Mensch enthemmt und schamlos. Damit wird er auch gleichzeitig schutzlos, er entblößt sich, innerlich wie äußerlich.

Wenn in einer Gesellschaft das Gefühl für Intimität verlorengeht, ist sie hochgradig gefährdet. Immer wieder sind auf diese Weise hochentwickelte Kulturen untergegangen. Schamlosigkeit ist ein Alarmsignal für den einzelnen Menschen und die Gesellschaft.

Diese Enthemmung entsteht jedoch nicht nur im sexuellen Bereich, sondern auch anderen Dingen gegenüber. Sie können jeden Tag die Statistiken verfolgen, wie sehr die Zahl der Drogentoten gestiegen ist.

Abhilfe findet sich nicht durch Metadon-Programme oder „Entkriminalisierung" des Drogengebrauchs, sondern wir müssen den jungen Menschen wieder klarmachen, daß das folgende Kirchenlied auch heute noch eine große Bedeutung hat: „Ich bin durch die Welt gegangen, und die Welt ist schön und groß, und doch ziehet mein Verlangen mich weit von der Erde los. Ich habe die Menschen gesehen, und sie hasten spät und früh, sie kommen – sie hasten – und gehen, und ihr Leben ist Arbeit und Müh'. Sie suchen, was sie nicht finden in Liebe, Ehre und Glück (das müssen wir heute mit „Sex, Ehrgeiz und Rausch" wiedergeben), und kommen belastet mit Sünden (so sie überhaupt noch ein Gewissen haben) und unbefriedigt (süchtig) zurück."

Die Entschuldigungs-Taktik

Und damit bin ich bei meinem nächsten Punkt auf der Liste der Feinde eines gesunden Selbstbewußtseins: die „Entschuldigungs-Taktik", die heute weit verbreitet ist.

60

Ich muß zunächst einmal selbstkritisch sagen, daß wir Psychotherapeuten mit daran gearbeitet haben, den Menschen leichtfertige Entschuldigungen für ihr Verhalten an die Hand zu geben. Die „Ich kann ja nichts dafür"- Ausrede gehört dazu. Verantwortlich sind die Eltern, die Lebensumstände, die Gesellschaft ... nur nicht man selbst.

Leider haben auch viele Pfarrer und Pastoren dieses Verhalten gegenüber Ratsuchenden übernommen und sagen ihnen nichts mehr von Schuld und Vergebung. Eine junge Frau, die abgetrieben hatte und danach unter entsetzlichen Gewissensqualen litt, ging in einem Krankenhaus zur dortigen Seelsorgerin, um mit ihr über ihre Schuld zu sprechen. Die Krankenhausseelsorgerin hielt ihr einen Vortrag, daß durch die Schwangerschaft und die Hormonumstellung ihre Mütterlichkeit angeregt wurde und daß sie deshalb nun frustriert sei. Also machte sie der jungen Frau den Vorschlag, sich ein Meerschweinchen zu kaufen, um ihre frustrierte Mütterlichkeit abzureagieren. Eine Krankenhausseelsorgerin! Die Frage nach der Schuld tauchte in diesem Gespräch von seiten der Seelsorgerin gar nicht mehr auf, obwohl die junge Frau sie immer wieder ansprach.

Ich kann diese Seelsorgerin zwar nicht in ihren seltsamen Erklärungen und Ratschlägen verstehen, durchaus aber in ihrem Bestreben, den Druck der Schuldgefühle abmildern oder wegreden zu wollen. Ich habe aber erst verstanden, daß das nicht hilft, als ich eine Patientin hatte, die ebenfalls eine Abtreibung hinter sich hatte. Ich hatte immer wieder Verständnis für die schwierige Situation ausgedrückt, in der sie sich zu der Abtreibung gezwungen gesehen hatte – bis sie mich schließlich anschrie: „Nun nehmen Sie mich doch bitte ernst, ich habe Schuld auf mich geladen!"

In diesem Zusammenhang möchte ich einen Kom-

61

mentar von Konrad Lorenz erwähnen, der in einem Fernsehinterview anläßlich der Verleihung des Nobelpreises auf die Frage nach dem seiner Meinung nach größten Problem der heutigen Zeit antwortete: „Das Hin- und Her- und Wegdiskutieren der persönlichen Verantwortlichkeit und Schuld."

Konrad Lorenz hat hier benannt, womit sich viel zu wenige Menschen beschäftigen, nämlich die Frage der persönlichen Verantwortung und die Frage der persönlichen Schuld – mit der gerade wir Psychotherapeuten so oft nicht umgehen können. Psychotherapeuten kennen im Umgang mit Schuld nur zwei Möglichkeiten: die Abwehr gegen sie zu stärken oder Schuld gleich zu verdrängen.

Diese Worte „abwehren" und „verdrängen" machen schon die Misere deutlich. Etwas, was verdrängt oder abgewehrt wurde, ist nicht weg. Man kann sich zwar eine Weile darüber hinwegsetzen, aber irgendwann kommt es unweigerlich wieder zutage.

Trotzdem wird Schuld hin- und her- und wegdiskutiert und auf Väter und Vorväter oder die Gesellschaft geschoben. Das ist im wörtlichen Sinne verrückt – und es ist eine der Hauptursachen für nicht vorhandenes Selbstbewußtsein.

Selbstbewußt ist nur, wer Verantwortung wahrnehmen und tragen kann – Verantwortung auch für eigene Fehler und eigenes Versagen!

Einige Fragen zur Überprüfung des eigenen Selbstbewußtseins

An dieser Stelle finde ich es wichtig aufzuzeigen, auf welche Weise Sie nun feststellen können, wie es eigentlich um Ihr eigenes Selbstbewußtsein bestellt ist. Haben Sie dies dann einmal herausgefunden, sollten Sie unbedingt den Mut haben, an den Schwachstellen zu arbeiten. Es lohnt sich! Antworten Sie also möglichst ehrlich auf die nun folgenden Fragen:

Wie gehe ich mit Alltagsschwierigkeiten um?

Zunächst sollten Sie sich einmal mit dem Wort „Enttäuschung" auseinandersetzen. Jeder Enttäuschung geht eine Täuschung, meistens eine Selbsttäuschung voraus. Bin ich also enttäuscht, so hat das auch einen positiven Aspekt, denn ich sehe die Realität nun viel klarer.

Haben Sie diesen Vorteil einer Enttäuschung einmal erkannt, so fällt es Ihnen bestimmt leichter, sich der Wahrheit zu stellen, und Sie finden den Mut, sich zu fragen: „Wie gehe ich mit unterschiedlichen alltäglichen

Frustrationen um? Kann ich Wartenmüssen verkraften? Kann ich eine Veränderung meiner Pläne aushalten, oder bringt mich das völlig aus dem Lot? Bin ich dann handlungsunfähig? Wie ist es, wenn jemand mich kritisiert, wenn ich feststelle, daß jemand mich nicht mag, oder wenn mir etwas nicht gut gelingt?"

Menschen mit einem einigermaßen gut ausgeprägten Selbstbewußtsein sollten solche Krisen oder Teilerschütterungen bewältigen können. Für sie sind es Teilerschütterungen, die zwar das seelische Gleichgewicht schon mal ins Schwanken bringen können, sie aber nicht gleich total umwerfen.

Ein geborgtes, also von idealen Außenbedingungen abhängiges Selbstbewußtsein kann dagegen eine derartige Infragestellung nicht aushalten. Nur ein einziger erfolgloser Versuch kann dann wie bei einem kleinen Kind alles zuvor Erreichte zunichte machen. Man schmeißt die ganze Sache hin. Teilkritik wird als totale Vernichtung erlebt, man zieht sich „gekränkt" zurück. Geduldsproben erzeugen unerträgliche Spannung, die sich entladen muß. Vielleicht ist das ja der Grund dafür, daß in Wartesälen und in öffentlichen Verkehrsmitteln so vieles zerstört wird.

Vollziehe ich Reifeschritte?

Was für die kleinen Krisen gilt, gilt natürlich erst recht für die großen Reifungskrisen, die jeder Mensch im Laufe seines Lebens (wenn er denn wirklich lebt!) bewältigen muß. Man kann hier auch von Schwellensituationen sprechen.

Eine wichtige Schwelle, die es im Leben irgendwann zu überschreiten gilt, ist zum Beispiel der Auszug aus dem Elternhaus, der Übergang in die *Selbständigkeit*. Sehr, sehr viele meiner Patienten sind gerade daran gescheitert und schließlich psychisch krank geworden.

Plötzlich war die Schule zu Ende, durch die alles reglementiert war, und sie mußten in einer Lehre Teilverantwortung übernehmen oder im Studium zumindest den äußeren Lebensablauf selbständig regeln, ohne das je gelernt zu haben.

Viele haben den Wecker – wenn sie überhaupt einen hatten – morgens einfach wieder ausgeschlagen und sind gar nicht erst aufgestanden. Eine häufig gebrauchte Ausrede ist dann: „Ich krieg' das einfach nicht geregelt."

Den wenigsten Menschen, die diese Ausrede benutzen, ist klar, daß sie damit sagen, daß sie *es geregelt kriegen* wollen, aber nicht *selbst regeln*.

Aber auch, wenn das Scheitern nicht so offensichtlich ist wie bei so manchem „abgebrochenen" Studenten, so ist doch die Weigerung, eigenverantwortlich zu leben, weit verbreitet. Viele junge Menschen leben ohne angemessene finanzielle oder auch sonstige Beteiligung im „Hotel Mama" (zum Beispiel ohne Mithilfe in Haus und Garten). Sie wollen zwar alle Freiheiten, aber nicht die Verantwortung fürs Selbständigsein haben.

Und viele Mütter, die gern gebraucht sein wollen, verwechseln diese „Affenliebe" mit Liebe und bestärken ihren an Jahren erwachsenen Säugling noch in dieser seiner Unselbständigkeit.

Bin ich bereit, die Vorteile des Versorgtwerdens wirklich aufzugeben und mein Leben eigenständig und verantwortlich zu führen? Nur wenn ich das eine Zeitlang geschafft habe, bin ich überhaupt reif für eine Partnerschaft!

Die Haltung, nur seine eigene Freiheit im Blick zu haben, offenbart neben der Unselbständigkeit noch die Unfähigkeit, außer sich selbst auch noch die Bedürfnisse anderer Menschen zu sehen. Sie zeigt einen schlimmen Mangel an *Zuneigungsfähigkeit*, bei der man sich, wie das Wort schon sagt, ein bißchen verbiegen muß, um dem anderen entgegenzukommen. Ohne diese Fähigkeit kann keine Liebe wachsen, keine Partnerschaft gedeihen.

Bin ich reif für eine Partnerschaft?

Damit sind wir auch schon bei einem anderen Prüfstein für ein gesundes Selbstbewußtsein, der *Partnerfähigkeit*. Es heißt ja, daß nur ein Mensch partnerschaftsfähig ist, der auch allein leben kann. Das ist logisch, denn alles, was ich nicht allein kann, worin ich also nicht selbständig bin, macht mich automatisch abhängig von einem Partner.

Ist das Verhältnis zu meinem Mitmenschen ausgewogen im Geben und Nehmen? Bin ich willens und in der Lage, die Wünsche und Bedürfnisse meines Partners zu sehen und Entgegenkommen zu zeigen? Das wiederum kann ich nur, wenn ich einen eigenen Standpunkt habe, mein Fähnchen nicht nach dem Wind hänge. Bin ich also auch in der Lage zu angemessener Selbstvertretung, zum Standhalten in einer wichtigen Sache, obwohl ich nicht die allgemeine Zustimmung bekomme, sondern sogar Gegenwind aushalten muß? Kann ich die Einsamkeit, die dann oft da ist, aushalten? Kann ich einen Freund, meinen Partner freigeben für eigene Interessen, die ich nicht teile, und auch eigene Interessen unabhängig von ihm leben?

> Eine Partnerschaft oder Freundschaft, die einer Verklammerung ähnelt, läßt nur eine Bewegung zu: Abneigung.

Auch hier muß ich wieder darauf hinweisen, wie viele Menschen zu einer verbindlichen Partnerschaft offensichtlich nicht willens oder nicht in der Lage sind: „Ich bin eben noch nicht so weit", höre ich oft.

Die Menschen gehen also nicht mutig auf etwas zu, sondern verharren am selben Punkt und wundern sich dann, daß sie nicht „weiterkommen". Der Grund dafür ist oft Angst vor der Verantwortung, noch häufiger aber einfach Bequemlichkeit.

Bin ich reif zur Elternschaft?

Die nächste Reifestufe, die auch eine Festigung des Selbstbewußtseins anzeigt, ist die, Vater oder Mutter zu werden, also die Bereitschaft und Fähigkeit zur *Elternschaft*.

Dazu gehört es, daß ich fähig bin zu verzichten. Eltern zu sein heißt, Opfer bringen zu wollen und zu können an bisher gewohnter Lebensqualität, zum Beispiel an der Möglichkeit, abends nach Belieben auszugehen oder nachts ungestört durchzuschlafen. Urlaubspläne müssen auf ein Kind abgestimmt werden, und das Geld wird knapper.

Für Frauen bedeutet Mutterschaft, Abstriche an der beruflichen Karriere zu machen. Es ist dummes Zeug, wenn uns Frauen eingeredet wird, wir könnten beides, 100% Karriere machen und zusätzlich noch eine gute Mutter sein. Nein, wir müssen abwägen, da wir nur 100%

Kraft haben. Frauen, deren Selbstbewußtsein sehr daran hängt, daß sie alles genau wie Männer machen, werden zu solch einem Verzicht kaum fähig sein, zumal sie mit diesem Maßstab zumeist auch blind sind für die Bereicherung und den Zuwachs an Selbstbewußtsein, den die Mutterschaft bringt.

In einer Radiosendung, in der es um Erlebnisse größten Glücks ging, berichtete ein junges Paar über die Geburt ihrer Tochter. Der Vater eher staunend (staunen können ist auch eine Fähigkeit, die ein gutes Selbstbewußtsein hervorbringt), die Mutter stolz: „Ich fühle mich seit der Geburt meiner Tochter so stark. So selbstbewußt war ich noch nie. Ich traue mir jetzt fast alles zu, nachdem ich unter Schmerzen ein Kind zur Welt gebracht habe."

> Für die Aufgabe, ein Kind ins Leben zu begleiten und es so zu erziehen, daß es sein Leben genießen und meistern kann, brauchen Eltern dringend die Fähigkeit zu handeln, unabhängig davon, ob sie sich damit bei ihrem Kind beliebt machen.

Insbesondere muß die Mutter das können, weil sie meist nach wie vor näher als der Vater mit der Erziehung der Kinder befaßt ist. Sie muß auch lernen loszulassen. Beim Thema Verzicht ist das schon angeklungen. Die Krönung der Mutterliebe ist, die Kinder schließlich in ihr eigenes Leben zu entlassen.

> Ich glaube, daß Mutter sein die verantwortungsvollste und schwierigste Aufgabe ist, die ein Mensch im Leben erfüllen kann – aber auch die, bei der man am meisten für sich selbst gewinnt!

Bin ich bereit für das Altwerden?

Weil Mütter im Umgang mit ihren Kindern so viel loslassen, neu ergreifen, sich umstellen geübt haben, können diese auch die letzte Reifestufe – das Alt-werden und Sterben – oft besser ersteigen als Männer und Nur-Berufsfrauen.

Alt werden heißt nämlich loszulassen, ohne verzweifelt und bitter zu werden, und die kleineren, stillen Lebensfreuden und -aufgaben auskosten zu können. Es setzt also die Fähigkeit voraus, ebenso verzichten wie genießen zu können.

Losgelassen werden muß zum Beispiel makellose äußere Attraktivität oder körperliche Leistungsfähigkeit. Ich erinnere mich an einen Patienten mit einer Depression, die zur Ursache hatte, daß er sein Selbstbewußtsein zu einseitig auf seine Leistungsfähigkeit aufgebaut hatte. So konnte er nicht verkraften, daß er bei Tennisturnieren gegen jüngere Spieler verlor. Dieses Problem zeigte sich auch in anderen Lebensbereichen und hat ihn schließlich so niedergedrückt (= deprimiert), daß er sich einer Therapie unterziehen mußte. Vielleicht handelt es sich hier um ein eher männliches Problem.

Frauen haben eher Schwierigkeiten mit dem Nachlassen ihrer äußeren Attraktivität, vor allem, wenn keine Reife dazukommt und keine anderen Dinge eine Frau auszeichnen.

Meiner Ansicht nach können Männer und Frauen in jedem Lebensalter schön sein, und zwar immer dann, wenn ihre Gesichter etwas ausdrücken und sie eine besondere Ausstrahlung haben. Hin und wieder haben wir Frauen in unserer Klinik, die mit 50 oder 60 Jahren noch keine Falte haben, dabei aber auch nicht geliftet sind. In ihren Gesichtern hat das Leben einfach keine Spuren hinterlassen. Sie sind Puppen, die keine Schönheit von innen zeigen. Auch das Bedürfnis, sich liften zu lassen, spricht von einem sehr oberflächlichen Verständnis von Schönheit.

Auch das schnelle Denken mit immer neuen Ideen tritt im Alter zurück, und der Mensch ist eingeladen, weise zu werden, das heißt, statt der Lebens*breite* der jüngeren Jahre nun *Tiefe* zu gewinnen, Wesentliches festzuhalten und aus der Erfahrung zu leben.

Es handelt sich hier sicher um einen schwierigen Prozeß der Lebensmitte, in dem man diese Umkehr bewußt wahrnimmt. In der Bibel steht ein Vers, der diesen Prozeß beschreibt und herbeisehnt: „Herr, lehre uns bedenken, daß wir sterben müssen, auf daß wir klug werden."

Mit diesem Gebet ist keine rein intellektuelle Wissensvermehrung gemeint, sondern der Wunsch nach Lebensklugheit. Die Klugheit, mit unseren Kräften zu haushalten und sie für sinnvolle Ziele einzusetzen, so daß wir eines Tages alt und am Leben gesättigt sterben können.

Ein wirklich selbstbewußter alter Mensch muß sich nicht liften lassen, um jung zu erscheinen, oder mit erheblich jüngeren Partnern die eigene Jugend festhalten wollen. Wenn der berühmte Schauspieler Curd Jürgens stolz singt: „Siebzig Jahre und kein bißchen weiser", dann ist das ein Armutszeugnis für sein Leben – oder Effekthascherei, mit der er beim Publikum anzukommen hofft.

Bitte verstehen Sie mich nicht falsch. Ich meine nicht, daß eine ältere Frau nur noch schwarze Kleider und eine strenge Frisur tragen soll, wie ich das noch von meiner Großmutter kenne. Ich meine dies alles so, wie Hermann Hesse es in seinem Gedicht „Stufen" ausdrückt:

70

STUFEN

Wie jede Blüte welkt
und jede Jugend dem Alter weicht,
blüht jede Lebensstufe,
blüht jede Weisheit auch
und jede Tugend zu ihrer Zeit
und darf nicht ewig dauern.

Es muß das Herz bei jedem Lebensrufe
bereit zum Abschied sein und Neubeginne,
um sich in Tapferkeit und ohne Trauern
in neue, andre Bindungen zu geben.
Und jedem Anfang wohnt ein Zauber inne,
der uns beschützt, und der uns hilft zu leben.

Wir sollen heiter Raum und Raum durchschreiten,
an keinem wie an einer Heimat hängen,
der Weltgeist will nicht fesseln uns und engen,
er will uns Stuf' um Stufe heben, weiten.

Kaum sind wir heimisch einem Lebenskreise
und traulich eingewohnt, so droht Erschlaffen.
Nur wer bereit zu Aufbruch ist und Reise,
mag lähmender Gewöhnung sich entraffen.

Es wird vielleicht auch noch die Todesstunde
uns neuen Räumen jung entgegensenden,
des Lebens Ruf an uns wird niemals enden ...

Wohlan denn Herz, nimm Abschied und gesunde!

aus: Die Gedichte
© Suhrkamp Verlag, Frankfurt am Main 1977

Nahrung für ein gesundes Selbstbewußtsein

Bis hierhin haben wir also überlegt, wie ein Mensch ein gesundes Selbstbewußtsein bekommen kann – was, wie gesagt, lebenslängliche Arbeit bedeutet. Würde ich das Buch an dieser Stelle beenden, wäre jedoch alles, was ich Ihnen erklärt habe, unvollkommen.

Denn was hilft es uns, wenn wir unsere Fähigkeiten und Grenzen erkannt haben, diese Erkenntnis aber ungenutzt bleibt oder wir uns damit vielleicht nur um uns selbst drehen? Das wäre armselig. Unsere Seele würde verkümmern, denn zu einem rundum gelungenen Leben gehört mehr als nur einfach der Besitz eines gesunden Selbstbewußtseins.

> Unsere Gaben und Fähigkeiten sind ja kein Selbstzweck. Wir haben sie aus einem bestimmten Grund, und der erschöpft sich nicht darin, sie eben zu erkennen und sich dann auf dieser Erkenntnis auszuruhen und gar noch darüber eitel zu werden.

Mich persönlich hat schon in jungen Jahren, als mir der Gedanke ans Altwerden und gar Sterben viel Angst machte, eine Aussage in der Bibel über verschiedene alternde Menschen sehr getröstet: „Und er starb alt und lebenssatt", heißt es da.

Die Aussicht, daß auch ich es erreichen könnte, einmal gesättigt am Leben und gelassen sterben zu können, hat mich fasziniert, und ich habe immer nach Menschen Ausschau gehalten, die auf diese Weise alt wurden und starben. Sie alle haben ein sehr erfülltes Leben geführt, mit Merkmalen, die sich gleichen. Ich habe von ihnen gelernt, wie das möglich wird, und möchte Sie an einigen ihrer Erkenntnisse teilhaben lassen.

Seine Gaben in Dienst stellen

In einer Radiosendung wurden drei ehemalige Dienstmädchen vorgestellt und über ihr Leben befragt, also Frauen, die ihr Leben lang als Haushaltshilfen bei reichen „Herrschaften" gedient hatten.

Was sie erzählten, zeigt, daß sie kein leichtes Leben gehabt hatten. Neben guten Dienstherren, die aber auch unermüdliche Arbeit von ihren Dienstmädchen verlangten, gab es auch solche, die die Dienstboten schikanierten. Reichtümer hatte von dem kargen Lohn keine von ihnen angesammelt. Eine dieser Frauen war ledig geblieben, zwei hatten geheiratet, mußten aber auch in der Ehe noch jeden Pfennig umdrehen.

Alle drei berichteten voller Stolz über die durchgestandenen schweren Zeiten und darüber, daß sie mit jeder Schwierigkeit, vor der sie damals gar nicht weglaufen konnten, gewachsen seien. Alle drei waren stolz darauf, daß sie ehrliche und gute Arbeit geleistet hatten.

Die Reporterin wies am Ende der Sendung noch auf etwas hin, was die Zuhörer nicht sehen konnten: Erstaunt stellte sie fest, daß diese drei Frauen nach einem so harten Leben so zufrieden und gar nicht verbittert wirkten. Sie fragte noch nach, ob sie denn gar nicht neidisch auf das Leben ihrer reichen Dienstherren gewesen seien.

Alle drei verneinten ihrerseits erstaunt diese Frage, und eine sagte unter Zustimmung der andren, daß sie auf eine solche Idee nie gekommen sei. „Ich habe immer versucht, die mir anvertrauten Aufgaben gut zu erfüllen. Das war mir wichtig."

Für alle drei war es selbstverständlich, daß sie ihre Gaben „in Dienst stellten", sie also so gut sie eben konnten sinnvoll nutzten – und als Folge davon ein reiches, ausgefülltes Leben hatten. Sie waren satt geworden am Leben. Ich mußte an die Bibelstelle denken: „Wer sich sucht, der verliert sich, wer sich hingibt (dient!), der findet sich."

Mir als Zuhörerin ist noch aufgefallen, wie selbstbewußt diese drei einfachen Frauen, die es ja sicher nicht gelernt hatten, in Radiosendungen zu reden, von ihrem Leben erzählten und sich auch von Fragen nicht verwirren ließen. Sie wußten, daß sie ihr Leben gemeistert hatten und eine gute Spur hinterließen, und das gab ihnen Sicherheit.

Nun noch ein Beispiel aus der Literatur: Hermann Hesse hat in seinem Werk „Das Glasperlenspiel" die Geschichte eines Regenmachers in einer vorgeschichtlichen Kultur erzählt, der eine Art Zauberpriester war. Dieser Regenmacher hatte eine mystische Verbindung zu den Urgewalten und mußte zum Beispiel die den Stamm betreffenden Termine festlegen: wann geheiratet, wann gesät, wann geerntet wurde. Er hatte große Verantwortung, und alle hörten auf ihn und vertrauten seinen Anweisungen.

Dieser Regenmacher suchte einen Nachfolger, weil er

spürte, daß seine Lebenszeit zu Ende ging. Da fiel ihm ein begabter junger Mann auf, der sich auch ein bißchen in sein Blickfeld gedrängt hatte. Er nahm den Jungen dann auch zunächst für dieses wichtige Amt, von dem das Überleben des ganzen Volksstammes abhing, in die Lehre. Nach einiger Zeit merkte aber der Regenmacher, daß er den Falschen erwählt hatte. Denn dieser junge Mann gehörte zu den „Nur"-Begabten und war nicht bereit dazu, seine Begabung in einen sinnvollen Dienst zu stellen. Er wollte nur mit seinen Fähigkeiten glänzen.

Diese Geschichte auf unser Selbstbewußtsein angewendet bedeutet, daß alle Erkenntnis über uns selbst nicht viel wert ist, wenn wir sie nicht in einen sinnvollen Dienst stellen. Doch genau daran mangelt es heute. Es mangelt nicht an sinnvollen Aufgaben, es mangelt an der Erziehung zur Bereitschaft, sich in Dienst zu stellen. Dies soll wieder an einem Beispiel deutlich werden:

Ich beobachte immer wieder junge Männer und Frauen, die mit allen möglichen Foltergeräten dafür sorgen, daß sie ihren Körper auf Vordermann bringen und an allen möglichen Körperzonen Muskelpakete kriegen, als Selbstzweck: Sie wollen toll aussehen.

Ich glaube, Karl Marx würde von „entfremdetem Umgang mit dem eigenen Körper" gesprochen haben, wenn er so etwas Stumpfsinniges gesehen hätte. Denn diese Art, seinen Körper ohne jeden sinnvollen Zusammenhang mit einer wertvollen Tätigkeit zu „stylen", ist entfremdetes Leben. Wir werden dadurch uns selbst fremd – schlimm für unser Selbstbewußtsein!

Einen sportlichen Körper bekommt man als Zugabe, als natürliches Ergebnis, wenn man körperliche Arbeit tut. Stellen Sie sich einmal vor, all die Menschen, die sich in Fitneßstudios abstrampeln, würden sich statt dessen tatkräftig im Umweltschutz einsetzen, Bachläufe sauber-

76

halten, Wälder pflegen, in Tierheimen aushelfen, wertvolle Gebäude und Denkmäler instandhalten, für alte Menschen einkaufen gehen oder ähnliches mehr ...! Da würde nicht nur ihr Körper gekräftigt, sondern gleichzeitig auch ihr Selbstwertgefühl, denn sie würden sich als nützlich und wertvoll erleben und viel Gutes in der Welt bewirken.

Ich bin mir auch sicher, daß die Bereitschaft dazu gerade unter den jungen Menschen vorhanden ist und daß viele unter ihrem sinnleeren, sinnlosen Leben leiden. Aber es fehlt ihnen an guten Vorbildern. Die „antiautoritäre" Welle hat jede Autorität untergraben, so daß wirklich verantwortungsbewußte Erzieher lächerlich gemacht und angefeindet wurden, bis sie schließlich resignierten.

Aber Autorität ist not-wendig, um ein gutes Vorbild für ein sinnvolles Leben zu sein. Die Verantwortlichen für dieses nicht wiedergutzumachende Verbrechen an einer ganzen heranwachsenden Generation haben nicht nur alle Werte kaputtgetrampelt, nein, sie haben an deren Stelle sogenannte *Gegenwerte* gesetzt und von *Wertewandel* gesprochen. Dabei haben sie in Wirklichkeit einen Werte*verlust* betrieben und *Unwerte* eingeführt.

Der Wille, seine Gaben sinnvoll einzusetzen, wurde verdrängt durch die Forderung, seine Ansprüche durchzusetzen. Die Bereitschaft, Ver-*antwort*-ung zu übernehmen, wurde ersetzt durch In*frage*stellen. Nicht umsonst wird heute auf Demonstrationen immer *gegen* irgendwelche Dinge demonstriert. Selten setzen sich die Menschen *für* etwas ein. Das tun immer nur einzelne – in aller Stille ohne Presserummel.

Verantwortung übernehmen

Auch das können wir von den drei Dienstmädchen aus der eben genannten Radiosendung lernen: Sie haben Verantwortung übernommen, statt alles in Frage zu stellen. Damit haben sie das Fundament ihres Selbstbewußtseins gestärkt, während ewiges Infragestellen als Lebenshaltung in Verweigerung von Verantwortlichkeit mündet und das Selbstbewußtsein untergräbt.

Verantwortung übernehmen muß man auch lernen. Das geht am besten und unkompliziertesten in der Familie, in der Eltern ihren Kindern nach ihren Fähigkeiten Verantwortung übertragen. Das war früher selbstverständlicher als heute, wo im Haushalt die meisten Arbeiten von Maschinen gemacht werden. Dennoch wird jede Mutter Aufgaben finden, die sie ihren Kindern verantwortlich anvertrauen kann, wenn sie sich erst einmal die Wichtigkeit dieses Handelns klargemacht hat.

Leider neigen gerade wir Frauen dazu, die Dinge lieber selbst zu tun, weil das schneller geht und so, wie wir uns das genau vorgestellt haben. Doch da müssen wir uns zum Wohl unserer Kinder zurücknehmen lernen. Hier sollten wir unser Tun ganz neu in Frage stellen.

In der Gemeinde, in Schule und Vereinen kann und muß dann auf dem in der Familie Gelernten aufgebaut werden.

Ein Mensch, der Ver*antwort*ung trägt, hat eine Antwort auf die Frage: „Wozu bin ich überhaupt in dieser Welt?" Er findet innere Bestätigung für sein Selbstbewußtsein in der Freude und dem Stolz über die erledigte Aufgabe.

Dem dient ja auch das Lob. Es ist die äußere Bestätigung einer inneren Erfahrung. Und weil das so gut tut, wird ein so erzogener Mensch auch später im Leben diese Nahrung für sein Selbstbewußtsein suchen. Natürlich gilt das Gesagte ebenso für einen Erwachsenen, dessen Selbstbewußtsein schwach oder brüchig ist.

Viele Menschen weigern sich aber stetig, Verantwortung zu übernehmen – mit der Entschuldigung: „Ich traue mir das nicht zu."

So wird natürlich nie ein Wachstum des Selbstbewußtseins gelingen!

> Selbstbewußtsein *bekommt* man, wenn man eine Aufgabe anpackt und in kleinen Schritten bewältigt, von der man dachte, man kann das nicht. So *lernt* man es dann und hat *danach* mehr Selbstbewußtsein als vorher.

Das ist anstrengend, und vielleicht bewältigt man die Aufgabe nicht gleich sehr gut, vielleicht sogar nur einen Teil und erst bei weiteren Versuchen die nächsten Teile – aber die Mühe lohnt sich. Das Selbstwertgefühl wird stetig wachsen, während die anfangs aufgezeigte Verweigerungshaltung das Selbstwertgefühl immer schwächer werden läßt.

Werte wiederentdecken

Viktor Frankl ist meiner Meinung nach der wichtigste Psychotherapeut unserer Zeit. Mit dieser Behauptung will ich die Verdienste von Freud, Jung oder Adler nicht in Frage stellen, aber deren Ziele haben sich – so glaube ich – überlebt.

Viktor Frankl hat ganz klar für unsere Zeit erkannt: Die Menschen leiden an einer Frustration des Willens, ihrem Leben einen Sinn zu geben, es so wertvoll zu machen und sich wertvoll zu fühlen. Er nannte die daraus erwachsende Not, die seelisch krank machen kann, *noogene Neurose.*

„Noos" ist das griechische Wort für „Sinn". Das heißt, wenn man sich mit dieser Art der Neurose befaßt, sie verstehen und heilen will, muß man sich mit der Sinnfrage beschäftigen. Darauf aufbauend nennt sich die von Viktor Frankl entwickelte Therapieform *Logotherapie* (sinnorientierte Therapie).[1]

Viktor Frankl gibt uns wertvolle Hinweise, wie wir diese große Gefahr für unser Selbstbewußtsein abwenden können. Er ruft uns auf, heute damit anzufangen, wieder auf Werte und sinnvolle Aufgaben zu achten. Nur so kann unser Leben trotz oder gerade in Krisen, trotz Verletzungen aus der Vergangenheit, trotz vieler Fehler, die wir gemacht haben, wieder wertvoll werden – und nur so können wir uns also wertvoll *fühlen.* Frankl hat diese Werte für uns schon vorsortiert, und wir können sie uns anhand von Fragen erschließen.

1. Erlebniswerte: „*Was nehme ich in mich auf? Was lasse ich die mir anvertrauten Kinder aufnehmen?"*

Lasse ich Wertloses oder Wertvolles an mich heran? Wenn ich wahllos Wertloses in mich aufnehme, so hat das negative Folgen für mein Selbstwerterleben. Der

---

[1] Literaturhinweise:
Viktor Frankl, *Das Leiden am sinnlosen Leben,* Herder, 1996
Elisabeth Lukas, *Auch Dein Leben braucht Sinn,* Herder, 1995
Rat in ratloser Zeit, Herder, 1994

Eimer, in den Müll hineingetan wird und der das mit sich geschehen läßt, wird zum Mülleimer. Und wieviel Wertloses dringt in uns ein, wenn wir uns einfach von den Medien berieseln lassen! Auch Gespräche sollten wir uns nicht zumuten, wenn sie seicht oder schlecht sind.

Vielleicht müssen Sie auch Ihre Eßgewohnheiten, Ihre Rauchgewohnheiten hier noch einmal überdenken. Das sind nur einzelne Anregungen, die Ihnen die Tragweite dieser Frage vor Augen führen sollen und Sie anregen, sich persönlich verantwortlich mit dieser Frage auseinanderzusetzen, zum Nutzen Ihres Selbstbewußtseins. Es ist gleichzeitig auch eine Schulung für unsere Wahrnehmung. Merke ich überhaupt noch, was den ganzen Tag auf mich eindudelt, wenn ich morgens automatisch das Radio oder den Fernseher einschalte? Wann habe ich mir zum letzten Mal Gedanken darüber gemacht, was meine Kinder so alles hören, sehen und lesen und was sie daraus lernen?

Wenn wir wieder auf die wertvollen Dinge um uns herum achten, so wird es wieder möglich, die Liebe Gottes zu spüren und ihm gegenüber Dankbarkeit zu empfinden. Diese Erlebnisse lassen sich auch darauf ausweiten, daß man sich an einem schönen Buch oder einem guten Fernsehfilm erfreut. Und natürlich gehören dazu auch wichtige und tiefe Gespräche mit einer anderen Person.

2. Schöpferische Werte: *„Was geht von mir aus, was bringe ich in diese Welt? Wertloses, ja sogar Schädliches, oder Wertvolles?"*

Frankl nennt das „schöpferische Werte". Er meint aber nun nicht, daß jeder große Kunstwerke schaffen muß, um Wertvolles in die Welt zu bringen, nein, er will uns zu den kleinen guten Veränderungen ermuntern. Wenn eine Hausfrau die Fenster putzt, damit ihre Familie eine freundliche Wohnung sieht, so hat sie etwas Wertvolles getan. Auch wenn sie sich Mühe gibt, als Mutter gesund für die Familie zu kochen oder den Tisch schön zu decken, so daß die Tischgemeinschaft genossen werden kann. Das „Ambiente" ist für das Familienleben und die Prägung der Kinder sehr wichtig!

Gerade an diesem Punkt sehen Sie, wie verheerend sich der sogenannte Feminismus auswirkt. Frauen sagen: „Ich bin *nur* Hausfrau". Daß die irregeleiteten, im Wortsinne ver-rückten Vertreter dieser Welle echte Werte nicht mehr erkennen, ist schon schlimm, aber daß eine Hausfrau und Mutter sich die Werte, die sie in die Welt bringt, wertlos machen läßt, ist geradezu absurd.

Noch einige Anregungen für sinnvolle Tätigkeiten: Sie könnten heute

- für jemanden oder etwas eintreten, der oder das schlechtgemacht wird
- gute Anregungen geben
- ein gutes Buch lesen und weiterempfehlen
- achtlos weggeworfenen Müll aufheben
- mit dem Rauchen aufhören und das gesparte Geld für etwas Schönes verwenden
- einen alten Freund anrufen
- jemandem einfach etwas Gutes tun
- einen langen Spaziergang an der frischen Luft im Gespräch mit Gott verbringen
- alle Leute, die Ihnen dabei begegnen, freundlich grüßen

3. Einstellungswerte: *„Wie beantworte ich die Schwierigkeiten, die in meinem Leben auftreten?"*

Wieder fallen mir hier die drei Dienstmädchen ein. Sie haben Schwierigkeiten durchgehalten, weil sie gar nicht anders konnten. Die Zeit und die Umstände, in denen sie lebten, zwangen sie dazu, Erfahrungen im Durchhalten zu machen. An diesem Punkt möchte ich darauf hinweisen, daß große persönliche Freiheit das Leben nicht automatisch besser oder wertvoller macht, sondern vermutlich sogar das Gegenteil. Wir müssen heute nichts mehr aushalten, nicht mehr durchhalten – was machen wir mit dieser Freiheit?

Versuche ich mich möglichst vor Schwierigkeiten zu drücken oder vielleicht die Verantwortung auf andere abzuschieben? Lehne ich mich nur auf, stemme mich dagegen? Frage ich nur abwehrend „Warum" oder „Warum ich"? Oder bin ich nach solchen Versuchen, die ja menschlich sind, schließlich doch bereit, die Herausforderung anzunehmen, an diesen schweren Anfragen des Lebens zu reifen und zu fragen: „Wozu kann mir diese Schwierigkeit, dieses Versagen, dieses Scheitern, diese Krankheit dienen?"

Verzweifle ich als Christ an Gott, wenn er nicht immer meine Wünsche erfüllt, etwa im Festklammern an der Frage: „Wie kann Gott so was nur zulassen?"

Oder lasse ich es zu, daß Gott gerade durch Leid zu mir sprechen kann? Bringe ich den Glauben auf, daß Gott mich so zum Guten verändern will?

Das Fundament für ein tragendes Selbstbewußtsein

Nun sind wir schon auf dem besten Weg, dieses Fundament zu entdecken. Auch darin unterscheidet sich Viktor Frankl von allen anderen großen Psychotherapeuten, die allesamt hier Schluß machen würden.

Als einziger weist Frankl auf etwas hin, was über alles Menschliche und die irdische Endlichkeit hinausgeht. Er weiß, der Mensch braucht transzendentale Werte!

Jeden Menschen bewegt irgendwann die Frage, ob es außerhalb seiner Wahrnehmung noch etwas gibt und ob mit dem Tod alles aus ist. Unser Verstand sucht immer nach Beweisen. Aber weder die Existenz Gottes noch seine Nichtexistenz kann mit dem Verstand bewiesen werden. Dazu brauchen wir eine ganz andere Fähigkeit: die Fähigkeit zur Vernunft.

Darin steckt das Wort *vernehmen*, also einerseits das Hören auf eine Stimme außerhalb von uns, mit dem wir die Schöpfung wieder wahrnehmen, nicht nur ausbeuten und benutzen. Und andererseits, noch wichtiger, die

Wahrnehmung von uns selbst als Geschöpf, also als zur Schöpfung gehöriges und in ihr eingebundenes Wesen. Dabei müssen wir aber auch auf unser Inneres hören, in der Begegnung mit unserer Sehnsucht nach Gott.

Diese Meinung wurde von einem mir bekannten Naturwissenschaftler unterstützt, der sagte, daß der Mensch sich seiner Meinung nach vom Tier dadurch unterscheidet, daß er das Bedürfnis in sich trägt, etwas oder jemanden anzubeten. Es ist die in uns angelegte Sehnsucht nach Gott und die Fähigkeit zur Ehrfurcht. Und damit hängt wieder eine Gefahr zusammen, die ich schon erwähnt habe, daß nämlich dort, wo Gott keinen Platz mehr im Leben eines Menschen hat, ein Götze diese Lücke füllen *muß*. Denn das Bedürfnis, etwas zu verehren, ist offensichtlich in uns angelegt und will erfüllt sein.

Diese Tatsache möchte ich anhand des Beispiels einer Kirchenmusikerin erläutern, die ich vor einiger Zeit in der Therapie gehabt habe: Sie hatte in ihrem Beruf mit der Einstellung begonnen, daß sie Gott zur Ehre Musik machen wollte. Nach nicht allzu langer Zeit gehörte sie zu den Spitzenkünstlern in Deutschland. Doch die viele Aufmerksamkeit, die die Menschen *ihr* daraufhin schenkten, hat sie schließlich dahin gebracht, daß sie nicht mehr zu Gottes Ehre spielte, sondern für die Musikkritiker, die in ihren Konzerten saßen. Daraus entwickelte sie eine regelrechte Furcht davor, daß sie ihre Leistungen vielleicht nicht beständig aufrechterhalten könne. Nicht die Freude daran, zur Ehre Gottes Musik zu machen, erfüllte sie, sondern die Angst vor dem Urteil der Kritiker und vor dem eigenen Versagen. Und so war dann aus dem ehemaligen Gottesdienst ein Götzendienst geworden, der sie in die Abhängigkeit von Psychopharmaka und in schwere Depressionen trieb.

Diese Geschichte ist ein Beispiel dafür, wie schnell es

passieren kann, daß jemand von Gottes Wirkkreis in den Wirkkreis des Teufels gerät. Und das kann auch bei einer Kirchenmusikerin geschehen. Wir müssen sehr aufmerksam sein, wem wir dienen. Die Musikerin tat ja immer dasselbe, nur der Dienstherr hatte gewechselt, ohne daß sie es überhaupt bemerkt hatte.

Daß der Teufel diese bewährte List nicht nur bei uns Menschen anwendet, sondern sie auch bei Jesus selbst ausprobiert hat, erzählt die Bibel. In einer Zeit, in der Jesus sich in der Wüste besonders intensiv auf seine Aufgabe vorbereitete, malte ihm der Teufel die herrlichsten Bilder vor Augen. Er forderte nichts direkt Schlechtes von Jesus – aber wenn dieser auf die Angebote des Teufels eingegangen wäre, hätte er den Dienstherrn gewechselt.

Nun zurück zu unserer Ausgangsfrage in diesem Kapitel, nämlich der nach dem Fundament unseres Selbstbewußtseins. Ich möchte Ihnen dazu von einer 17jährigen jungen Frau erzählen, die, vom christlichen Glauben völlig unbeleckt, mit einer Eßsucht in unsere Klinik kam. Ihr großer Wunsch war, eine gefeierte Opernsängerin zu werden. Sie stammte, wie das heute oft der Fall ist, aus unklaren Familienverhältnissen, hatte mehrere Partner ihrer Mutter mit „Vater" angesprochen und war in ihrem Selbstbewußtsein sehr verunsichert. Sie fühlte sich leer und füllte diese Seelenleere mit Essen, weil sie es so gelernt hatte. Sie stopfte sich das Maul, speiste sich ab. So hatten es auch die „Väter" gemacht, denen sie sich in ihrer Sehnsucht nach Liebe zugewandt hatte. Sie hatten ihr Süßes und Spielzeug geschenkt, aber sie nie wirklich gemeint. Sie wollten das Kind gut stimmen, um die Mutter zu bekommen.

Alleine und in ambulanter Behandlung wurde sie nicht mit ihrer Eßsucht fertig und hatte „zufällig" eine Einweisung für unsere christliche Klinik bekommen. Wir haben mit ihr psychotherapeutisch gearbeitet, und gleichzeitig hat sie bei uns das Angebot der christlichen Botschaft gehört, aber nie Interesse dafür gezeigt.

Ein halbes Jahr nach der Entlassung schrieb sie mir, daß sie sich sehr wohl fühle und sie sich noch einmal ganz herzlich dafür bedanken möchte, daß ich sie so behutsam zum Glauben geführt habe. Der sei nun ihr Lebens*fundament*. Ich stand vor einem Rätsel – denn gerade mit ihr hatte ich meines Wissens nach überhaupt kein Gespräch über den Glauben geführt, weil sie anderen Menschen kein Vertrauen mehr entgegenbringen konnte und nichts von anderen annehmen wollte. Daraufhin habe ich ihr geschrieben, daß sie mir das Rätsel lösen müsse, denn ich könne mich gar nicht erinnern, mit welcher „Methode" diese Bekehrung geschehen sein solle. Ich hatte aber all mein psychotherapeutisches Wissen und Können aufgewendet. Davon sagte sie allerdings kein Wort.

Sie antwortete darauf: „Wir haben auch nicht direkt über Gott gesprochen. Sie haben nicht versucht, mich zu missionieren. Aber Sie haben mich in einem Gespräch, als es um mein Selbstwertgefühl ging, gefragt: ‚Als was wollen Sie sich eigentlich verstehen, wovon soll Ihr Selbstwert abgeleitet sein? Wollen Sie sich als ein Produkt des Zufalls sehen, nichts und niemandem verpflichtet, aber auch nirgendwo recht beheimatet und nach Lust und Laune lebend? Und dann, nach einer kurzen Zeit, von der man nicht genau weiß, was sie für einen Sinn gehabt haben soll, treten Sie ab von der Bühne des Lebens? Oder wollen Sie sich als ein *Geschöpf* betrachten? Genau so, wie Sie sind, gewollt? Dann wäre es nicht wichtig, ob Sie ein paar Pfund mehr oder weniger wiegen. Das bedeutet aber auch, daß Sie an einen *Schöpfer* glauben und mit ihm in eine Beziehung treten müßten. Diese Beziehung müßte auch von Ihrer Seite diesem Gott gegenüber verantwortlich gestaltet sein, dann würden Sie bei ihm auch eine Heimat finden.'"

Mehr hatten wir gar nicht besprochen. Diese direkten Fragen, die ihr die Freiheit der Entscheidung gelassen hatten, aber auch die Verantwortung, hatten sie nie wieder losgelassen. Deshalb hatte sie stillschweigend – weil sie aufgrund der Erfahrungen in ihrer Kindheit gar nicht dazu neigte, viel mit anderen Menschen zu besprechen – das Angebot in Anspruch genommen, Gott kennenzulernen. Sie war zu der Erkenntnis gelangt, daß es für sie menschenunwürdig wäre, ein Produkt des Zufalls zu sein. Genau das hatte sie ja nicht mehr ausgehalten, die „zufälligen Väter", später die „zufälligen Liebhaber", dazu ihre eigenen Impulse, die sie nicht einordnen und steuern konnte, weil sie kein Ziel hatte, das sie ansteuern wollte. Daraufhin hat sie sich aufgemacht, diesen Gott kennenzulernen, indem sie in der Bibel las und Kontakt mit Christen suchte.

In ihrem Brief schrieb sie weiter: „Ich kann mir gar nicht mehr vorstellen, wie ich 17 Jahre leben konnte, überleben konnte, ohne zu wissen, daß ich Gottes Kind bin. Dieses Wissen gibt mir heute mein Selbstbewußtsein."

Außerdem teilte sie mir mit, daß sie mit diesem Wissen viele Dinge in ihrem Leben habe klären können. Probleme, die wie ein unüberwindbarer Berg vor ihr gestanden hatten, ebenso wie Verletzungen und Unordnung aus der Vergangenheit, die als schwere Last ihren Zusammenbruch herbeigeführt hätten, wenn sie sie noch länger hätte tragen müssen. Aus dieser Erfahrung heraus machte sie sich auch keine großen Sorgen um ihre Zukunft, in der noch viele Fragen offen wären, schrieb sie. Gott hatte ein so großes Wunder an ihr getan, daß er die anderen Dinge auch schon noch schaffen würde. Den Erfolg als Opernsängerin strebte sie jetzt nicht mehr an; ihre schöne Stimme setzte sie aber zur Ehre Gottes und zur Freude der Menschen ein.

In der persönlichen Antwort auf diese Frage liegt das Fundament für das Selbstbewußtsein eines jeden Menschen. Deshalb soll sie am Ende dieses Buches noch einmal gestellt werden:

Will ich mich als ein Zufallsprodukt verstehen, nichts und niemandem verpflichtet, ungebunden, niemandem Rechenschaft schuldig? Im besten Fall nach der Devise: „Tue Recht und scheue niemand" leben. Vielleicht aber auch getrieben von dem Bedürfnis möglichst viel Spaß für mich aus diesem Leben herauszuholen und Applaus zu bekommen in dem ungestillten Bedürfnis nach Selbstbestätigung. Und dann ist eines Tages eben alles aus. Soll das mein Selbstverständnis, mein Selbstbewußtsein sein? Oder gehe ich als Geschöpf der sehnsüchtigen Frage in meinem Inneren nach und suche meinen Schöpfer, lebe in der Beziehung zu ihm, begreife mich als einmaligen, von Gott gewollten Menschen, lasse mich in dieser Beziehung verändern, lasse dadurch mein Leben zielgerichtet werden, verstehe mich eingebunden in den ewigen Plan Gottes mit seiner Schöpfung?

Dann darf ich trotz Unvollkommenheiten mit meinen Gaben anderen Freude bereiten; Fehler werden mein Selbstbewußtsein nicht zerstören können; meine Kräfte werden nicht mehr in der vergeblichen Arbeit am perfekten Selbstbild verschwendet, sondern durch die An-

90

nahme der Vergebung freigesetzt für Aufgaben, die die Welt ein wenig besser machen, Gottes Willen verwirklichen – und mich mit Selbstbewußtsein erfüllen!

GUTER RAT IN ALLEN LEBENSLAGEN!

Magdalene Furch:

IM WECHSELBAD DER GEFÜHLE

Wie lerne ich, ein ausgeglichenes Leben zu führen?

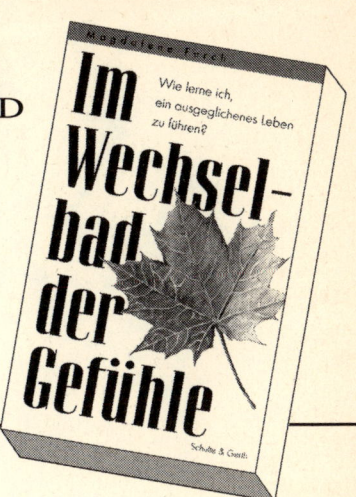

Wut, Angst, Kummer und Einsamkeit sind nur einige der Gefühle, die jeder von uns kennt und die einen mächtigen Einfluß auf unser Leben haben. Doch wie gehen wir mit ihnen um? Lassen wir uns von ihnen beherrschen? Wenn ja, wie können wir sie ernst nehmen und gleichzeitig lernen, auf gesunde Weise mit ihnen umzugehen?

Die erfahrene Psychotherapeutin Magdalene Furch zeigt in diesem Buch anhand von vielen lebendigen Beispielen mögliche Störungen unserer Gefühlswelt auf. Sie gibt dem Leser Anregungen und Orientierungshilfen, wie er mit seinen Gefühlen umgehen kann, ohne sie zu verdrängen oder sich von ihnen überrollen zu lassen.

Grundlage für ihre Ausführungen sind dabei die hilfreichen und heilsamen Aussagen der Bibel.

Taschenbuch, 96 Seiten, Bestell-Nr. 815 490

EIN RATGEBER, DER IHR LEBEN VERÄNDERN KANN!

Chris Thurman:

LÜGEN, DIE WIR GLAUBEN

Der Grund Nr. 1
für unser Unglücklichsein

Dieses Buch ist mit Recht ein Bestseller!
Der erfahrene Psychologe Chris Thurman beschreibt,
welchen Lebenslügen wir in den unterschiedlichsten
Lebensbereichen auf den Leim gehen: „Du bist schuld,
daß ich nicht glücklich bin", „Alle müssen mich lieb-
haben", „Gottes Liebe muß man sich verdienen" ...

Die Heimtücke der Lebenslügen besteht eben darin, daß
sie uns so lange schaden, wie sie uns als reine Wahrheit
erscheinen. Sie verzerren unsere Wahrnehmung und
vernebeln uns die wirklich freie Lebensgestaltung.

Chris Thurman zeigt Ihnen, wie Sie diese Lebenslügen
enttarnen und durch die Wahrheit ersetzen können.
Lassen Sie sich nicht länger an der Nase herumführen!

Paperback, 220 Seiten, Bestell-Nr. 815 149

EIN RATGEBER, DER WIRKLICH WEITERHILFT!

Chris Thurman:

NOCH MEHR LÜGEN, DIE WIR GLAUBEN

Zehn populäre Irrtümer, die Ihr Leben ruinieren können

Diesmal hat sich Bestsellerautor Chris Thurman einen ganz besonders reizvollen und gefährlichen Bereich der Lebenslügen vorgenommen: Die Irrlehren, die in populär-psychologischen Selbsthilfebüchern verbreitet werden!

Auf den ersten Blick scheinen Botschaften wie „Man kann erst dann seinen Nächsten lieben, wenn man sich selbst liebt" oder „Jeder verfügt über grenzenlose Möglichkeiten und Kräfte" durchaus etwas für sich zu haben.

Doch in seiner gewohnt klarsichtigen, souveränen Art legt Chris Thurman die Fallgruben bloß, die unter diesen wohlmeinenden Konzepten verborgen sind, entlarvt ihre destruktiven Auswirkungen und stellt ihnen biblische Wahrheiten gegenüber.

Paperback, 200 Seiten, Bestell-Nr. 815 492